华为管理法

任正非的企业管理心得

MANAGEMENT METHOD

黄志伟◎编著

古吴轩出版社

图书在版编目（CIP）数据

华为管理法 ：任正非的企业管理心得 / 黄志伟编著
. — 苏州 ：古吴轩出版社，2017.1（2023.5重印）
ISBN 978-7-5546-0854-8

Ⅰ. ①华… Ⅱ. ①黄… Ⅲ. ①通信一邮电企业一企业管理一经验一深圳 Ⅳ. ①F632.765.3

中国版本图书馆CIP数据核字(2017)第006959号

责任编辑：蒋丽华
见习编辑：薛　芳
装帧设计：润和佳艺

书　　名：华为管理法：任正非的企业管理心得
编　　著：黄志伟
出版发行：古吴轩出版社
地址：苏州市八达街118号苏州新闻大厦30F
电话：0512-65233679　　　邮编：215123
印　　刷：天宇万达印刷有限公司
开　　本：670×950　1/16
印　　张：16
字　　数：191千字
版　　次：2017年1月第1版
印　　次：2023年5月第6次印刷
书　　号：ISBN 978-7-5546-0854-8
定　　价：45.00元

序 Preface

2014年4月，华为公司公布的2013年度的年报显示，华为在2013年度实现销售收入2 390亿元人民币（约395亿美元），首次超越爱立信，成为全球最大的通信设备商，并在世界500强的排名中提升了30个名次。其中，华为来自海外的收入占比高达65%，远远超过其在国内的收入。

如今，华为的员工多达17万人，外籍员工约占20%，华为的产品已经服务全球170多个国家和地区的30亿人口。在国外，很多时候，华为已成为中国企业的标签，也成为国外了解中国企业的一个窗口。

然而，当时光退回到1987年时，一个退役不久、在离开部队后充满失落感的中年男人——任正非，与另外几个志同道合、情况相似的中年人一起，凑齐2.1万元人民币，注册了一家小公司，主要从事交换机（一种网络通信设备）的代理销售，任正非担任这家公司的总裁。

当时，这几个创业者甚至连给新成立的公司起什么名字都还没想好，他们看到墙上一幅标语上写着“中华有为”，便给新成立的公司起名叫“华为”。可以说，华为在刚成立时，像很多中小民营企业一样，面临缺资本、缺资源、无背景的艰难生存环境。

不仅如此，在华为创立的同时，国内迅速成立了400多家通信制造与销售类民营企业，这注定华为所处的行业是一个高竞争的行业。谁能活到最后，谁才会成为真正的赢家。从目前来看，华为是这批企业中活了下来且发展得最好的企业。

现在，设在深圳龙岗区坂田基地的华为总部占地1.5平方千米，豪华程度令到访的外商无不赞叹。我们可以从中窥出华为综合实力的一二。可是有谁能想到，在29年前，任正非等人刚创立华为时，华为却诞生在一座破旧的民房里。那时，为了获得快速发展，从而赢得生存空间，任正非带领当时所有的华为人夜以继日地投入到工作当中。

为了拥有自己的产品和技术，任正非等人甚至吃住都在那座破旧的民房里，困了就在一个床垫上躺下睡一会儿，醒来又继续投入紧张的工作之中。凭着这种艰苦奋斗的创业精神，华为逐渐拥有了自己的产品以及越来越多的专利技术。截至2011年，华为获得国内外专利23 000多项，长期在国内领先；2013年底，华为仅在欧洲的专利数量就高达7 300多项，成为欧洲专利申请的领航者之一，并向世界展示了雄厚的技术研发实力。

很多时候，一个企业的卓越与辉煌，总与其掌舵者呕心沥血的付出和精湛务实的管理能力息息相关。在这方面，华为与很多企业一样。在华为走向世界的过程中，任正非甚至多次被称为“华为教父”；另外，早在1998年，我国诞生的第一个企业级基本法《华为公司基本法》，作为华为的“管理大纲”，更是令人们关注。其实，《华为公司基本法》主要是对任正非的长期管理实践与理论的梳理和总结。

由此可见，任正非的管理思想对华为影响之大。对于当今很多企业管理者而言，任正非的管理智慧是否有着可资借鉴的现实意义呢？

答案是肯定的。举例来说，曾经在一些快速发展的企业里，任正非的管理思想已经受到持续的关注与学习，甚至有些企业管理者在做出决策时的依据是“任正非当初在华为就是这么做的”。而事实证明，任正非的管理思想是朴素、务实而注重实践的，的确已有一些企业在向任正非学习管理的过程中促进了企业的稳健发展。

其实，创业这么多年以来，任正非还有一个显著的特点，那就是低调。比如，在2014年以前，任正非从未接受过国内任何一家媒体的正面采访，从不参加评选、颁奖活动和企业家峰会，是众多媒体心目中的一个“谜”。曾经有一次，国内一家杂志开展评选优秀企业家的活动，任正非名列其中，然而，这家杂志竟然找不到一张任正非的照片。在华为快速发展、成为很多人效仿与学习的榜样时，其掌舵者任正非竟然能够保持如此低调，其定力，不为外界干扰、一心扑在企业经营上的专注精神，的确值得很多企业家学习。难怪曾有媒体这样评价：“任正非几乎是中国最有静气和最有定力的一位企业家。”

事实上，随着华为在海外市场的异军突起，甚至成为对世界通信业极具影响力的全球化企业，华为总裁任正非在国外也享有盛誉，其管理思想与经营理念在国外企业界也有着深远的影响。早在2005年，任正非就入选美国《时代周刊》全球“建设者与巨子”100名排行榜，是中国唯一入选的企业家；全球著名杂志《福布斯》则这样评价：“任正非是一个很少出现在公众视野中的人物，却是国际上最受人尊敬的中国企业家。”

基于此，本书主要对任正非的管理思想进行系统阐述。在行文中，我们立足于企业管理的核心原理与常识，再结合任正非长期管理实践中的心得体会，剖析了华为成功的管理秘密。全书共计12章，涵盖企业管理中最重要的12个方面。本书通过将任正非的管理心得与案例的有机结合，揭示出任正非在管理中是怎么做的，以及如何带领华为实现稳健、高速发展的，这对有志于提升管理能力的读者而言，具有极为重要的借鉴和参考意义。从这点上来说，本书是当今市场上对任正非的管理思想阐述得最为系统而全面的书籍。

最后，祝任正非先生身体健康、万事如意，祝华为公司越来越好，祝中国企业集体迈入世界先进企业之列！

黄志伟

2016年9月27日

目录 Contents

第三章

中高层管理：选拔干部要看局部贡献和全局贡献

第四章

危机管理：危机感延续了华为的生命

第五章

市场管理：为客户服务是华为存在的唯一理由

第六章

供应链管理：供应链是企业的生态链

第七章

创新管理：不盲目创新，永远领先对手半步

第八章

财务管理：成本控制比扩大市场更有效

第九章

制度化管理：企业要实现流程化、制度化、规范化

第十章

文化管理：以客户为中心，长期坚持艰苦奋斗

第一章

战略管理：只有战略聚焦，才能有所突破

·任正非说·

我并不指望企业业务迅猛地发展，你们提口号要超谁超谁，我不感兴趣。
我觉得谁也不需要超，就是要超过自己的肚皮，一定要吃饱。
你现在肚皮都没有吃饱，怎么超越别人？
我认为企业业务不需要追求立刻做大做强，而是要做扎实、赚到钱。
谁活到最后，谁就活得最好。

不要总想着做第一、第二、第三，不要抢登山头，不要有赌博心理，
喜马拉雅山顶寒冷得很，不容易活下来。
华为的最低和最高战略都是如何活下来，你活得比别人长久，
你就是成功者。

我还是认为不要盲目做大、盲目铺开，要聚焦在少量有价值的客户、
少量有竞争力的产品上，在这几个点上形成突破……
当你们取得一个点的突破的时候，这个胜利产生的榜样作用和示范作用是巨大的。
这个点在同一个行业复制，你可能会有数倍的利润。

大机会时代切忌机会主义

在大机会时代，千万不要机会主义，我们要有战略耐性。消费者BG[①]一定要坚持自己的战略，坚持自己的价值观，坚持自己已经明晰的道路与方法，稳步地前进。成吉思汗[②]的马蹄声已经远去，现代的躁动也会平息，活下去才是胜利。

——引自任正非于2014年3月在与消费者BG管理团队午餐会上的内部讲话

华为公司成立于1987年。多年来，华为创始人任正非始终聚焦于通信领域，长期坚持“力出一孔”，使得华为这家成立时注册资本仅2.1万元、员工不过14名的小型民营企业，以核裂变的速度向前发展。2010年，华为作为中国一家民营科技企业闯入世界500强，并在此后的几年中排名连续上升，令世界为之震惊。

截至2013年度，华为实现销售收入2 390亿元人民币，同比增长19%，营业利润率高达18.3%，员工则达到15万人，其中，海外员工所占比例超过1/5。华为已经成为一家名副其实的全球化公司。

① BG，全称为Business Group，可译为“业务组”。

② 成吉思汗（1162—1227），孛儿只斤·铁木真，1206年开创大蒙古国，曾于1219—1225年率领20万蒙古大军西征，灭掉中亚强国花剌子模。

如果将华为在2013年度的销售收入与其初创时的资产进行比较，我们就会发现，华为的资产在29年里增长了1 000多万倍！这几乎是一个难以想象的数字。众所周知，华为在创业伊始，不过是一家销售交换机[①]的代理商，并没有自己独立开发的产品。然而，靠着对通信行业的执着，从1989年起，华为开始研发有自主知识产权的交换机，逐渐由代理商转变为通信设备供应商；1993年，也就是在创业6年时，华为成功研制出C&C08数字程控交换机，这是华为公司自主开发的第一代数字程控交换机，并在1994年至1995年大规模投入生产，迅速获得市场反应，华为发展进入快轨。此后，为了确保科研上的优势，华为仍长期保持投入不低于销售收入10%的经费进行技术研发。

截至2011年，华为累计申请中国专利3万6千多件，外国专利1万多件，共获得专利授权2万3千多件，其中90%以上为发明型专利。对通信行业的长期专注，使得华为公司成长为一家世界领先的信息与通信解决方案供应商。

华为公司在通信行业取得的成就，与任正非坚持的“拒绝机会主义”战略是分不开的。正是因为长期在通信领域发力，华为公司才得以不断进步。在市场经营战略方面，任正非同样坚持踏实肯干、艰苦奋斗的精神，拒绝机会主义。

1995年，华为决定进军海外市场，任正非便着手制定了一系列打开海外市场的战略方针，并且明确地指出，进军海外，绝非“捞一把就走”的机会主义，而是华为一项长期的、极其重要的战略。

当时，已经成立8年的华为公司，在国内已算得上技术领先，但在国际市场上，与那些海外同行中的领先者相比，还有一定差距，所以在一开始，华为的产品在海外市场缺乏竞争力。任正非认为，要在海外市场站住脚，最终还是要靠过硬的产品技术与质量。为此，任正非要求到海外工作的华为人务

---

① 交换机，英文名称为Switch，是一种用于电信号转发的网络设备，可以为接入交换机的任意两个网络节点提供独享的电信号通路。最常见的交换机是以太网交换机、光纤交换机等。

必坚持实事求是的原则，在技术和生产上坚持精益求精，把每一件产品都做到最好，力求完美。

抱着在海外市场打持久战的准备，任正非并没有急于一开始就赚到利润。由于华为刚进入国际市场时，知名度不够高，产品竞争力还不强，因此订单接得非常少，销售额增长得非常缓慢。对此，任正非并未改变初衷，仍然坚持“海外市场拒绝机会主义”，并没有像一些利益至上的企业那样施展各种手段圈钱。在1997年，华为终于获得来自俄罗斯的第一笔国际订单，但销售额很小，仅12美元，这与任正非要把华为建设成通信领域“三分天下有其一”的战略目标相差甚远。

16年后，即2013年12月，回忆起华为在海外市场艰难的破冰之旅，任正非给员工们讲了龟兔赛跑的故事：

“古时候有个寓言，兔子和乌龟赛跑，兔子因为有先天优势，跑得快，不时在中间喝个下午茶，在草地上小憩一会儿，结果让乌龟超过去了。华为就是一只大乌龟，25年来，爬呀爬，全然没看见路两旁的鲜花，忘了经济这20多年来一直在爬坡，许多人都成了富裕的阶层，而我们还在持续艰苦奋斗。爬呀爬……一抬头看见前面矗立着‘龙飞船①’，跑着‘特斯拉②’那种神一样的乌龟，我们还在笨拙地爬呀爬，能追过他们吗？……乌龟精神被寓言赋予了持续努力的精神，华为的这种乌龟精神不能变，我也借用这种精神来说明华为人奋斗的理性。”

于是，在海外市场上，华为持续不断地投入人力和物力，以国内市场的销售收入反哺海外市场的开拓，前后10年，累计投入近100亿元人民币；同时，任正非要求在海外工作的员工要尽快熟悉当地的市场与消费倾向，逐渐

① 龙飞船，是由总部设在美国加利福尼亚州的太空探索技术公司（SpaceX）牵头研发的商用太空飞船，是世界上第一艘由私人公司研发的航天飞船。

② 特斯拉，英文名称为Tesla，成立于2003年，总部设在美国加利福尼亚州的硅谷地带，是一家生产电动汽车的公司。

增强当地消费者对华为产品的信赖，使之与华为建立起长期合作的战略伙伴关系。慢慢地，海外市场被一步步打开。

2005年，即华为进军海外市场后的第10年，华为当年在海外市场的销售额超过50亿美元，首次超过国内市场的销售额，任正非“海外市场拒绝机会主义”的市场开拓战略获得成功；2013年，华为的全球销售额首次超过爱立信，成为全球最大的通信设备商。在华为“称霸全球”的销售额中，海外市场的销售额占到65%。

华为能取得如此骄人的业绩，与任正非制定的战略是分不开的，也与全体华为人的勤勉努力息息相关。同时，华为公司在世界通信领域的辉煌，告诉我们一个道理：坚持主航道，不为蝇头小利而偏离前进的方向；持之以恒地推进企业战略，付出一定有回报！

微语录

信息时代，也是个大机会时代，各种诱人的机会充斥其中；我们在战略制定与实施中，切忌浮躁，要脚踏实地。

聚焦，才能发现更好的机会

华为要加强改进自己，聚焦战略，简化管理，去除冗员，淘汰落后，才能不断地激活自己……未来的3～5年是华为抓住“大数据”机遇，抢占战略制高点的关键时期。我们的战略要聚焦……那制高点在什么地方呢？就在10%的企业，10%的地区。

从世界范围看大数据流量，在日本是3%的地区汇聚了70%的数据流量；中国国土大，分散一点儿，那么10%左右的地区也会汇聚未来中国90%左右的流量。那我们怎么能抓住这个机会？我认为战略上要聚焦，要集中力量。

……现在我还是认为不要盲目做大，盲目铺开，要聚焦在少量有价值的客户、少量有竞争力的产品上，在这几个点上形成突破……当你们取得一个点的突破的时候，这个胜利产生的榜样作用和示范作用是巨大的，这个点在同一个行业复制，你可能会有数倍的利润……要聚焦在一定的行业、一定的产品范围内，越是在胜利的时候，越别急于盲目行动。

——引自任正非于2013年12月在华为企业业务座谈会上的讲话

在企业发展中，对机遇的选择与把握是非常重要的。有的人在机遇面前果断地抓住，从而柳暗花明，促使企业进入发展的快轨；有的人对机遇判断失误，或者放任机遇溜走，从而使企业经营陷入困境。在特定的历史时期，机遇是不可复制的，正因如此，人们才会说“机不可失，时不再来”。

我国电信设备市场的发展，在某种程度上就说明了这一点。在华为成立前，中国电信设备市场可以说是一个货真价实的“国际市场”。这是因为，中国电信市场在启动之初，就已经能够看到所有国际电信巨头的身影。比如，当时我国电信设备市场有“七国八制①”的说法，国外电信设备市场不断地在我国“跑马圈地”，本土电信设备商生存艰难。

在20世纪80年代末至90年代中后期，中国电信市场呈井喷之势，本土力量应运而生。新兴的4家有代表性的通信制造厂商分别为巨龙通信、大唐电信、中兴通讯、华为技术，即我国当时本土通信设备商中著名的“巨大中华”。

到20世纪90年代中后期，我国电信市场不再只是进口高价设备垄断的局面。“巨大中华”为代表的本土厂商介入竞标，使长期高昂的电信设备价格开始快速下滑。由于设备成本下降，因此我国通信运营商开始步入大规模的建网周期，电信基础设施水平快速提升。于是，曾经在国内通信设备市场充当“棋子”角色的“巨大中华”在国内市场站稳了脚跟。

然而，从20世纪90年代末至21世纪初，由于技术革新，因此移动和数据通信替代交换机成为通信业的主流产品。在这次电信业的关键转型周期中，“巨大中华”的发展步伐开始出现了差距。其中，曾经在交换机技术上比较领先的“巨大”逐步衰落，而“中华”在新的发展机遇中紧密切入，不但在国内市场持续做大做强，而且在海外市场也取得了很大的成绩，成为挑战全球电信巨头们最具进攻性的新兴力量。

在任正非的带领下，华为人聚焦于通信行业和客户需求，屡屡发现市场

① 七国八制，即在20世纪80年代，有7个国家的通信设备商在我国通信市场占有非常重要的位置，它们分别是日本的NEC和富士通、美国的朗讯、瑞典的爱立信、加拿大的北方电讯、德国的西门子、比利时的BTM和法国的阿尔卡特，所以被称为“七国”；“八制”是指我国当时的通信市场共有8种制式的机型，前述“七国”中的8家通信设备商各为一种制式。

机会。比如，在华为刚成立时，任正非就敏锐地发现了数字程控交换机的市场前景，因而投入巨资进行研发。由于投入巨大，因此华为一度出现资金链断裂的危险。然而结果证明，任正非这种“偏执狂”式的聚焦战略，最终获得了成功。1993年，华为研制出C&C08交换机，这是华为在通信设备核心技术方面的第一次突破。

由于当时C&C08交换机的价格比国外同类产品低1/3，因此华为在国内迅速占领了市场。到1998年时，C&C08交换机在国内全年销量达到1 070万端口，成为国内最畅销的数字程控交换机。

在此之前的1995年，任正非在做了大量市场调研后，大胆地预测3G[①]将是未来技术发展的前沿，于是，华为投入巨资和人力进行3G研发。华为的这一举动，当时被业内视为“战略失误”。UT斯达康[②]于1997年12月在杭州首次推出小灵通业务，在国内市场获得了巨大的成功；不久，准确抓住小灵通商机的中兴通讯也收益颇丰。而任正非却仍在倾尽全力地研发3G，这在当时被视为一种“可笑”的举动。

实际上，小灵通是一种通信技术，叫作“无线市话”。当时在日本，小灵通已经是一种被淘汰的技术，然而在中国却呈现了巨大的商机。从这件事情中，任正非进一步发现，技术不先进的，未必没有市场，企业要以顾客的需求为导向。但同时，事物的发展必然有其规律性，正如小灵通，它既然已经在西方国家与日本成为一种被淘汰的技术，那么必然会在中国通信发展潮流中被淘汰，因而不是未来市场的制高点。于是，任正非继续带领华为人聚焦于未来通信技术的制高点，并将此视为推动企业发展的更重要、更具战略性的机会。

---

① 3G，全称为Third-Generation，译为“第三代移动通信技术”，指支持高速数据传输的蜂窝移动通信技术，可同时传送声音（通话）及信息（电子邮件、实时通信等）。

② UT斯达康，英文名称为UTStarcom，是一家主要从事无线通信的研发、生产和制造的公司，于1995年由Unitech和Starcom合并而成，现总部位于美国硅谷。该公司由中国留美学生创办。

由于小灵通相对来说技术门槛低，又存在通话信号相对较弱等技术缺陷，因此小灵通在市场饱和与全球研发3G浪潮中逐渐衰落。2011年，小灵通全部退出市场，走向消亡；曾经备受怀疑的3G技术成为通信市场的主流。这充分印证了任正非战略上的前瞻性，华为抢占了3G通信时代的先机。

2009年1月，随着我国三大通信运营商（中国移动、中国联通和中国电信）相继获得3G牌照，我国进入了3G时代，3G技术也成为我国通信市场的主流技术。随着通信技术的发展，传输速率更快的4G也于2013年12月在我国进入正式应用阶段。这意味着我国在3G技术方兴未艾时，逐步进入了4G时代。未来，通信领域的5G时代也会随着通信技术的持续发展而变为现实，从而为人们的生活提供更多的便利。

在这之中，任正非带领的华为人密切聚焦于通信行业尖端技术，从而确保在通信领域的每次技术变革中处于领先位置，占领行业发展的制高点，不断拓展华为的发展空间。

微语录

只有聚焦，才能发现更加适合自己的机会，确保企业长盛不衰。

“以客户为中心”是颠扑不破的真理与常识

西方国家认为，最重要的是管理而不是技术；但在我们国家，很多人认为最重要的是技术。因此，在国内，重技术轻管理，重技术轻客户需求，还是比较普遍的。但主宰世界的是客户需求。我希望大家改变思维方式，要做工程商人，多一些商人味道，不仅仅是工程师。要完成从“以技术为中心”向“以客户为中心”转移的伟大变革。

……客户需要的是一个综合解决方案，它可以是华为做得好的东西，也可以包括华为从外面买进来的东西，只要满足其需求。因此，公司提出了运营商解决方案、企业解决方案和消费者解决方案的概念，以这三个解决方案来引领研发的变革，这就是“以客户为中心”的研发变革。

——引自任正非于2010年在PSST[①]体系干部大会上的讲话

任正非曾多次对华为的管理层强调：客户需要什么，我们就做什么。所以，作为一家科技企业，华为不能唯技术论，而要贯彻“以客户为中心”的指导方针。为此，任正非做过一些统计，那些破产的企业，并非输在技术不先进上，而是他们在技术发挥上没有考虑到客户的需求，从而使其产品无法

① PSST，全称为Products and Solutions Staff Team，可译为“产品与解决方案员工团队”。

被人们接受，久而久之，他们的企业也就无法经营下去。

其实，任正非也有过追求技术上的完美的思想经历，但也曾因此体验过失去商机的遭遇。比如，20世纪90年代中后期，尽管小灵通从技术上来说，已被国外一些先进国家淘汰，但小灵通在我国特定时间的市场上却一度有旺盛的需求，这使得不少企业从小灵通的商机中获得了很好的市场效益，而华为却没有把握这次本来可以到手的商机。因此，任正非进一步认识到，如果技术人员缺乏市场意识，即使技术再先进也难以使企业获得应有的利润。正因为这样，任正非痛定思痛，决定从战略上使华为完成从“以技术为中心”向“以客户为中心”的转变。

2002年，任正非在华为的一次研讨会上对员工说：“如果死抱着一定要做世界上最先进的产品的理想，我们就饿死了，成为凡·高的‘向日葵’。我们的结构调整要完全以商业为导向，而不能以技术为导向，在评价体系中同样一定要以商业为导向。”在任正非看来，企业一定要随着市场的变化、客户需求的变化，而及时调整产品。所以，任正非要求研发部门要把自己研发的产品与客户需求结合起来。

有一次，华为承接了为一家银行实现电子化系统的研发工作。为了能够更好地给客户提供他们所需要的产品，华为专门成立了解决方案部。在这个部门里，不仅有资深的研发人员，还有各业务部门内经验丰富的员工。通过对客户需求的调研，华为将研发重心放在了研究金融信息化趋势和顾客需求的基础上，放在了进一步强化为客户解决问题的方案上。结果，这个研发项目完成后，银行的客户非常满意。

其实，在市场经济中，“以客户为中心”是一条颠扑不破的真理与常识。任何企业，只要偏离了这个常识，就会在前进中走弯路。因此，企业在战略层面就要树立起“以客户为中心”的意识。为此，在任正非的倡议下，华为的三大业务模块名称确定为运营商网络BG、企业业务BG与消费者业务BG，每个业务模块都清晰地附以相应的客户群体（如运营商、企业与消费者），凸显了华为对“以客户为中心”的坚持。

对此，任正非明确地说：“我们公司过去的成功是因为我们没有关注自己，而是长期关注客户利益的最大化，关注运营商利益的最大化，千方百计地做到这一点……华为聚焦的是客户，而不主要是对手。”基于对“以客户为中心”的深刻认知，任正非还强调，企业在进行战略策划时，往往会考虑到如何应对竞争对手，企业对竞争对手的关注要适度，不要为此而影响对客户的关注度，否则，企业的竞争力会因对客户关注不够而削弱。

在具体阐述“以客户为中心”这一战略常识的时候，任正非指出：“做任何事，都要因时因地而改变，不能教条，关键是满足客户需求……我们一定要做商人。科学家可以什么都不管，一辈子只研究蜘蛛腿的一根毛。对科学家来说，这是可以的。但是对我们呢？我们只研究蜘蛛腿，谁给我们饭吃？因此，不能光研究蜘蛛腿，要研究客户需求。”

可以说，伴随着华为的发展与壮大，任正非付出了很多的心血，这从任正非的很多次讲话中都可以深深地感受到。无论是任正非的《坚持顾客导向，同步世界潮流》《全心全意对产品负责，全心全意为客户服务》，还是散见于任正非其他讲话或文章中的资料，我们都可以看到任正非对“以客户为中心”的重视与坚持。或许正因为此，华为才能够从无到有、从小到大、从弱到强，一步步地成长、壮大，驰骋国际市场的大舞台，成为当今世界上通信业最大的设备商。

微语录

“以客户为中心”是颠扑不破的市场真理与常识，企业在战略层面上一定要予以高度重视。

活下去，永远是硬道理

对华为公司来讲，长期要研究的是如何活下去，寻找我们活下去的理由和活下去的价值。活下去的基础是不断提高核心竞争力，而提高企业竞争力的必然结果是利润的获得以及企业的发展壮大。这是一个闭合循环。

对于个人来讲，我没有远大的理想，我思考的是这两三年要干什么，如何干，才能活下去。我非常重视近期的管理进步，而不是远期的战略目标。活下去，永远是硬道理。

近期的管理进步，必须有一个长远的目标方向，这就是核心竞争力的提升。公司长远的发展方向是网络设备供应商，这是公司核心竞争力的重要体现。有了这个导向，我们抓近期的管理就不会迷失方向。朝着这个方向发展，我们的近期发展和远期发展就不会产生矛盾，我们的核心竞争力就会得到升华，我们也就有生存的理由和生存的价值。

——引自《活下去是企业的硬道理》

1997年，正值华为公司创立10年之际，华为已经发展成为我国通信业的一家主流设备供应商。然而，华为的创始人任正非在总结这10年的发展历程时，却深有感触地说："10年来，我天天思考的都是失败，对成功视而不见，也没有什么荣誉感、自豪感，而是危机感。也许是这样，华为才存活了10年。"

曾经有人形容说，军人出身的任正非，自从创建华为以后，就变成了一个“怕死”的人，华为也成为一个“怕死”的公司，活下来则成为华为最低也是最高的战略目标。或许正是这种求生的本能，使得任正非在带领华为发展的历程中，始终保持务实的精神，从而确保了企业在战略路线上的稳健发展。

在任正非的言论中，活下去似乎是一个很低的要求，甚至给人一种“目标太低”的感觉。然而，当看到国内平均每年有8万多家中小企业因破产倒闭而“死掉”时，我们才会从任正非质朴的语言中真正地体察出活下去的含义与智慧。

一般来说，企业倒闭总会伴随很多原因，但其中一个非常重要的原因，往往是领导层战略决策失误。这导致本来就有限的资源在配置上不合理，从而使企业成为一个吞噬与消耗资源的漏斗，最后导致关门大吉。

或许，任正非的那种极度贴近生活的务实感，与他早年的生活经历有些联系。任正非出生于贵州贫困山区的一个小村庄，出身贫寒，家中有7个兄弟姊妹，任正非排行老大。在回忆人生早期那段物质匮乏的生活经历时，任正非深情地说：“我们家当时是每餐实行严格分饭制，控制所有人欲望的配给制，保证人人都能活下来。如果不这样，总会有一两个弟妹活不到今天。我真正能理解‘活下去’这句话的含义。”

于是，当时间的车轮回到1992年，创业5年的华为从2.1万元注册资本发展到年销售收入突破1亿元人民币时，任正非不仅毫无喜悦，而且在年终大会上只说了一句：“我们活下来了！”然后，他泪流满面。

正是这种活下去的精神，使得华为团队爆发出难以想象的战斗力。在创业初期，国内通信行业的城市市场主要由朗讯、爱立信、西门子、阿尔卡特等跨国企业占据；为了从通信领域的夹缝中找出一条活路，任正非率领华为人进入外商不屑的农村市场，走“农村包围城市”的道路。

当时，华为的产品在技术上还没有赶上外资通信企业，但华为却在客户服务方面全力以赴，只要用户反映出产品的质量问题，无论刮风下雨，华为员工都会立即前往解决，几乎做到了随叫随到。于是，华为在初期产品技术处于劣势的情况下，硬是依靠自己不懈的努力在市场竞争中存活了下来。

为了迅速在技术方面赶超上来，任正非带领公司50多个研发人员挤在一座破旧的办公大楼里，吃、住、工作都在一起；他们床垫挨着床垫，与厨房、办公桌在同一层楼，什么时候困了就在床垫上躺一会儿，醒来后继续工作，这成为华为日后强调艰苦奋斗的“床垫文化”。那时，包括任正非在内，华为每人每天至少工作16个小时。对此，任正非说：“每周工作40个小时，只能产生普通的劳动者，不可能产生科学家、工程师，更不可能完成产业升级！”“20年后，全球通信产业三分天下，华为有其一！”

正是靠着这种活下去的使命，华为在产品技术方面不断取得突破，创新专利数量也不断增加，逐渐具备了雄厚的技术实力。后来，面对国内通信市场趋近饱和的情况，任正非又带领华为团队进军海外市场。由于当时发达国家大多采用资深跨国通信企业的产品与服务，因此华为在国际市场上作为一张崭新的“面孔”，一时难以在发达国家打开市场。于是，任正非又带领华为人进入亚非拉一些条件比较恶劣、同样为资深跨国通信企业所忽视的市场中去开拓，从而在海外市场存活下来，一步步撬动了全球市场。

靠着活下去的精神，华为不仅活了下来，而且活得越来越好，或许这一切正如任正非所说：

“恐惧造就伟大，任何组织，包括个人，如果没有与你成长所相伴随的那种不安全感，那种始终追随着你的不安的影子，你可能就变得很放松，很悠闲。但是，这种放松跟休闲可能的结果是：在一个猝不及防的打击面前，你的安逸，你对危险的麻木，会导致组织快速地崩溃掉。”

微语录

企业切忌好高骛远，只有先活下来，才有资格谈发展。

小改进大奖励，大建议只鼓励

贯彻“小改进大奖励、大建议只鼓励”的制度。追求管理不断地优化与改良，构筑与推动全面最佳化的有引导的自发的群众运动。

公司实行“小改进大奖励、大建议只鼓励”的制度。能提“大建议”的人已不是一般的员工了，也不用奖励；一般员工提“大建议”，我们不提倡，因为每个员工要做好本职工作。大的经营决策要有阶段的稳定性，不能每个阶段大家都不停地提意见。我们鼓励员工做“小改进”，将每个缺憾都弥补起来，公司也就有了进步。所以，我们提出“小改进大奖励”的制度，就是提倡大家做实。

——引自《华为的红旗到底能打多久》

曾经有一名华为的新员工，刚入职不久，针对华为公司的经营战略问题，洋洋洒洒地写了一万多字，通过部门领导交给了任正非。任正非在看后，对这封“万言书”批复：“此人如果有精神病，建议送医院治疗；如果没病，建议辞退。”

这件事后来被视为一个有趣的笑谈，但反映出了任正非的一个战略理念，那就是“小改进大奖励，大建议只鼓励”。任正非认为，员工最重要的还是做好本职工作，不要把主要精力放在构思“宏伟蓝图”、做“天下大事”上面；一名新员工，对企业还缺乏深刻的了解，应该把主要精力放在本职工作上。在这里，任正非主要强调了经营企业的务实理念，包括引导员工树立务实的思想。

当然，企业的发展既需要一大批人务实，从事具体性的工作，还需要有人务虚，制定企业发展的战略。为此，华为内部有务虚和务实两套领导班子，只有少数高层才从事务虚工作，基层都要务实。务虚的人主要做四件事：一是树立企业发展目标，二是制定措施，三是评议和挑选干部，四是监督控制。

总的来说，务虚是开放的务虚，贯彻委员会民主决策制度；务实则要对务虚确定的目标去坚决实现。任正非认为，企业发展一定要“虚实结合”，只有这样，企业才能既有执行力，又有明确的战略目标和规划，从而确保企业的持续稳健发展。

相对于“大建议”来说，任正非认为“小改进”对企业发展尤为重要。为此，任正非将“小改进大奖励”视为华为公司一项长远的战略，只要每个员工都坚持从自身做起，不断地改进现有工作，持续地“小改进”，这些量变积累到一定程度，就会发展为质变，从而提升企业的核心竞争力。

任正非强调，创新也是一个永恒的过程，企业的核心竞争力也是一个不断提升的过程，如果员工在工作中都能减少一点失误或错误，订单处理的速度更快一点，整个业务的运行速度就会随之提升，从而有利于核心竞争力的提升。讲到这里，任正非再次以极端鲜明的对比度指出：“华为公司今天的问题不是战略问题，而是怎样才能生存下去的问题。”

任正非认为，假如鼓励员工们来提“大建议”或战略决策，则势必会影响公司战略的稳健性，其结果只会使得公司像墙头上的芦苇一样，随风飘摇，那样就难以具备足够强的核心竞争力。为此，企业一定要坚持“小改进大奖励”，不仅使员工从工作中获得能力上的提高，而且有助于企业获得整体进步。

另外，任正非要求员工关注“小改进”，不要把太多精力放在“大奖励”上。这是因为，企业有任职资格考评体系，员工的每一次“小改进”，都是向任职资格迈进一大步，只要做好了工作，按照考评体系，自然就会有好的奖励。当然，在引导员工“小改进”的同时，任正非指出，员工的“小改进”一定要以企业核心竞争力的提升为总目标，否则会使“小改进”的目标不清晰，甚至误入歧途。对此，任正非做了个形象的比喻，并再次阐明了对“小改进”的要求：

“比如说，我们现在要到北京去，我们可以从成都过去，也可以从上海过去，但是最短的行程应该是从武汉过去。如果我们不强调提升公司核心竞争力是永恒发展的方向，我们的‘小改进’改来改去，只顾自己改，就可能对周边没有产生积极的作用，改了半天，公司的整个核心竞争力并没有提升。那就是说，我们的‘小改进’实际上是陷入了一场无明确大目标的游戏，而不是一个真正增创客户价值的活动。因此，在小改进过程中要不断瞄准提高企业核心竞争力这个大方向。”

为了进一步强调“小改进”的重要性，任正非将“小改进大奖励”与“从实践中选拔干部”紧密结合起来，作为选拔干部的重要标准，从而进一步推动员工们树立起“小改进”的思想意识。任正非认为，坚持“小改进”，还有助于提升各级干部的素质，确保华为旺盛的生命力。

比如，华为公司的一名员工杨玉岗，在从清华大学博士毕业后，于1998年进入华为公司，被领导安排从事与电磁元件相关的工作。在工作中，杨玉岗发现，华为电源产品因某种电磁元件故障而运行不稳定，在市场上频频告急，一度造成某些地方的系统瘫痪，华为也因此而丧失了大量订单，经济损失巨大。

在这种情况下，领导将解决该电磁元件故障的任务交给了杨玉岗。经过不懈努力，杨玉岗成功地实现了对电磁元件的改进，使该电磁元件的市场故障率降为零，为华为公司创造了巨大的经济效益，而且每年节约成本100余万元。杨玉岗在“小改进”方面的事迹，受到了任正非的高度重视与赞扬。后来，杨玉岗在华为内部刊物《华为人》报上发表《板凳要坐十年冷》，再次受到任正非的赞扬。

任正非认为，员工就需要这种持续“小改进”的精神和毅力，“踏踏实实地在本职岗位上不断地进取……认真地做好每一件事，不管是大事，还是小事”，只有这样，华为才能基业长青。

微语录

“小改进”要作为企业的一项长远战略，坚持不懈；唯有如此，企业的核心竞争力才能稳健地提升。

让听得见炮声的人来决策

我们后方配备的先进设备、优质资源，应该在前线一发现目标和机会时就能及时发挥作用，提供有效的支持，而不是拥有资源的人来指挥战争，拥兵自重。谁来呼唤炮火？应该让听得见炮声的人来决策。

……基层作战单元在授权范围内，有权力直接呼唤炮火……我们机构设置的目的，就是为作战，作战的目的，是为了取得利润。平台的客户就是前方作战部队，作战部队不需要的，就是多余的……以客户经理、解决方案专家、交付专家组成的工作小组，形成面向客户的铁三角作战单元，有效地提升了客户的信任，较深地理解了客户需求，关注良好、有效的交付和及时的回款。

……公司的最高决策机构是EMT①会议，EMT成员只是在会议结束后，推动决议的执行，他们叫首长负责制，也不能自称总部。机关干部和员工更不能以总部自称，发号施令，更不能要求前方的每一个小动作都必须向机关报告或经机关批准，否则，机关就会越做越大，越来越官僚。

一线的作战，要从客户经理的单兵作战转变为小团队作战，而且客户经理要加强营销四要素（客户关系、解决方案、融资和回款条件以及交付）的综合能力，要提高做生意的能力；解决方案专家要一专多能，对自己不熟悉

① EMT，全称为Executive Management Team，可译为“执行管理团队”。

的专业领域要打通求助的渠道；交付专家要具备能与客户沟通清楚工程与服务的解决方案的能力，同时对后台的可承诺能力和交付流程的各个环节了如指掌。

——引自任正非于2009年1月在华为销服体系奋斗颁奖大会上的讲话

军人出身的任正非，在创办华为前曾在部队工作过近10个年头；这段军旅生涯，对任正非的经营管理理念产生了深刻的影响。在任正非带领华为的奋斗史中，任正非总是习惯于用军事术语描述公司的运营。我们可以从任正非的多篇讲话中发现这个特点，包括讲话稿件的名称以及散落于讲话中的言语，比如《华为的红旗到底能打多久》《狭路相逢勇者生》《雄赳赳，气昂昂，跨过太平洋》等。

在任正非的讲话中，所谓“一线炮声”，是指来自市场一线的客户需求，“炮火”则是指华为的各种资源。任正非2009年1月在华为销服体系奋斗颁奖大会上的讲话，还被称为《让一线直接呼唤炮火》，意思是告诉华为员工，要让真正了解客户需求的一线员工直接从总部配置人力、物力等资源，从而更直接地为客户服务，更好地满足客户的需求。

要高度重视一线客户的观点，任正非曾在多次讲话中予以重述，可以看出任正非对此的高度关注。在2010年的新年献词中，任正非在时隔一年后，再次强调了这个观点，同时也对员工家属的理解和支持表达了感谢：

“值此2009年的一页将翻过去、新的一年即将开始之际，我代表公司向奋斗在各条战线、各个区域的全体员工致敬，你们辛苦了！特别是对那些还奋斗在艰苦地区、艰苦岗位的员工，我诚挚地表达深深的谢意。你们承载了我们更多的希望，更美好的明天。我也代表公司深深地感谢数十万家属给我们的支持、理解和克制，没有你们的牺牲与奉献，就不会有我们今天的成功，你们辛苦了！

“我们在这困难的一年，同步展开了组织结构及人力资源机制的改革；改革的宗旨是，从过去的集权管理，过渡到分权制衡管理，让一线拥有更多的决策权，以适应情况千变万化中的及时决策。这种让听得见炮声的人，来呼唤炮火，已让绝大多数华为人理解并付之行动。

“我们确定了以代表处系统部铁三角为基础的，轻装及能力综合化的海军陆战队式的作战队形，培育机会、发现机会并咬住机会，在小范围完成对合同获取、合同交付的作战组织以及对重大项目支持的规划与请求；地区部重装旅在一线的呼唤炮火的命令下，以高度专业化的能力，支持一线的项目成功。地区部是要集中一批专业精英，给前线的指挥官提供及时、有效、低成本的支持。我们同时借用了美军参谋长联席会议①的组织模式，提出了片区的改革方案。片区联席会议要用全球化的视野，完成战略的规划，并对战略实施进行组织与协调，灵活地调配全球资源对重大项目的支持。

“‘蜂群’的迅速集结与撤离的一窝蜂战术，将会成为新一年工作的亮点，并以此推动各地区部、代表处、产品线、后方平台的进步。……明年我们将对研发等后方机构进行改革，以适应让听得见炮声的人来呼唤炮火的管理模式的转变。”

其实，任正非的管理理念发展到坚持“让听得见炮声的人来决策”，有一个危机感强化与自我批判的过程，正如著名管理专家和并购专家王育琨对任正非经营理念进行的分析：

“没有人比任正非更了解华为，没有人比他更了解他自己。20年的打拼，为了保证资源的整体使用，他不得不集权。为了维护权威，华为又不得不从上到下设置一系列的控制点，由此形成了一个庞大的体系。这个体系曾经有效保证了政令的统一，可无形中却也削弱，甚至限制了一线的创造力。

① 美军参谋长联席会议，英文名称为Joint Chiefs of Staff，是分布在美国军队各主要军种的首长小组，主要职能是兵种的协调与进行合作参谋。

时过境迁，任正非渐渐发现，解决问题，不再是头等重要的事情，与庞大体系的协调才是重要的节点。一线为解决特定问题，要花掉2/3以上的时间向上面争取资源。从一线摸爬滚打出来的任正非，意识到了一种深切的危机正在逼近。美国金融危机爆发更让他惊醒。

“他坐不住了。2009年开年，任正非向华为全体员工发出了振聋发聩的呐喊：让听到炮声的人呼唤炮火！让一线直接决策！没有对企业经营管理本真的全神贯注，没有对答案永远在现场的心领神会，没有对每个滋生官僚癌细胞的深恶痛绝，没有头拱地解决问题的地头力，就发不出这么强势的呐喊！”

伴随着“让听得见炮声的人来决策”这一战略理念的提出，任正非带领华为人加快了从原有的“中央集权”经营模式向“决策前移及行权支撑”的转移，从而确保对客户需求的反应更灵敏，进一步调动员工工作的积极性，增强盈利能力。

微语录

企业要适应快速变化的市场，就要优化组织流程，增强对客户需求的反应能力。

三分天下，华为必有其一

公司战略沙盘很快会给各级干部公布，每一个大数据流量的机会点，华为所占市场份额要在1/3左右，剩下的留给竞争对手。当我们抢不到大数据流量的机会点时，就会被边缘化、死亡；当我们全部占领大数据流量机会点时，也会是惰怠，也会是死亡。

——摘自任正非于2014年7月在华为“后备干部项目管理与经营短训项目”座谈会上的讲话

早在1994年，华为的产品还没有打入海外市场，任正非就在公司内部的一次讲话中宣布：“10年之后，世界通信行业三分天下，华为将占一分。”那时，华为的年销售额为8亿元人民币，与那些外资跨国通信企业相比，华为的“体积”与竞争能力都还很弱。

到2008年，也就是华为进军海外市场13年后，华为当年度的全球销售收入达到183.3亿美元，同比增长42.7%；净利润达到11.5亿美元，同比增长20%。环顾曾经强大得难以望其项背的外资跨国公司，我们会发现，爱立信同期净收入减少40%，诺基亚西门子亏损3亿欧元，阿尔卡特—朗讯、摩托罗拉、北电则陷入经营困境。

当时的一个国际背景是，在2008年，由美国次贷危机引发的全球性金融危机，冲击了世界上很多国家和地区的实体经济。然而，在这场金融危机中，与纷纷中枪的外资跨国通信设备商相比，华为却是一路高歌猛进、一枝独秀，其销售额中有75%来自于海外市场。

华为之所以能有这么出色的经营业绩，原因有两点：第一，在金融危机的打击下，通信运营商不仅要降低采购成本，同时还希望供应商合作伙伴能在战略合作上给自己以适当的支持和帮助；第二，由于华为长期坚持“以客户为中心”，因此能够更好地达成客户的这种诉求。可以说，任正非一再强调的“以客户为中心”的经营战略，在市场上得到了验证，也使得任正非当初“三分天下有其一”的市场战略目标基本得以实现。

再者，根据任正非的部署，华为在海外市场的经营中，采取区域运作模式，每个区域都根据其市场发展情况配置资源，通过十几年海外市场的发展和摸索，其整体销售网络和服务网络的建设已经基本成型，能够进行自我弹性调节，不会像其他公司那样需要对资源进行大规模转移。这也有助于增强华为对市场的反应能力，有效降低经营成本，从而进一步强化了华为的竞争力。

另外，通信行业中昔日巨头企业的不断兼并重组，在一定程度上减缓了通信行业一度盛行的价格战，这对降低华为经营成本起到了积极的作用。比如，华为2008年的销售收入增长高于成本增长3.4个百分点，费用率下降1.8个百分点，这使得华为进一步有足够的资源去“修炼内功”，持续提升竞争力，也标志着电信行业正在进入一个理性竞争的阶段。

在这之前，华为曾经与IBM①合作，基本理顺了产品开发流程以及面向客户的供应链流程；接着，在2009年，华为又与埃森哲合作，完善客户关系管理（CRM）流程。按照华为公司副董事长徐直军的解释：“我们现在面向全

① IBM，全称为International Business Machines Corporation，译为“国际商业机器公司”，成立于1911年，总部位于美国纽约的阿蒙克市；2004年，IBM旗下的PC（Personal Computer，个人电脑）业务被我国联想集团收购；IBM现为全球最大的信息技术和业务解决方案公司。

球运营。我们在100多个国家有300多个客户。我们通过与埃森哲的合作，将打通从机会到合同，从合同到现金这样一个流程。这一流程打通之后，企业运作效率将得到很大提升。”

2013年，华为的年销售收入超过爱立信，成为世界上最大的电信设备商。截至目前，任正非“做实”的理念也在一步一步地变成现实。华为不仅在业内和国际上有了令人瞩目的排名，并且，在世界上的很多地方，都可以看到华为的产品与华为人辛勤耕耘的身影。另外，华为还积极聘用市场所在地的当地员工，如今，华为的外籍员工总数约占华为员工总数的20%，使得华为无论是从业务上，还是从管理与员工构成上，都成为全球化道路中走得最远的一家中国公司。

应该说，作为创始人，任正非对华为今日的辉煌居功甚伟。然而，任正非却谦逊而诙谐地说：“公司不是我个人的……而是大家说了算。外界神化了我，其实不是这样……公司是集体领导，许多成功的事，大家不知道帽子该戴在谁的头上，就摁到我的头上了。其实我头上戴的是一顶草帽。”

这就是任正非，一个从无到有创建了华为，在带领华为发展的过程中，曾经担心华为经营不善而在无数个夜晚难以入眠，曾与员工们一起不分昼夜地工作，长期坚持“以客户为中心”的常识不动摇，坚持“工者有其股”，个人股份仅占华为的1.42%，真正做到了“财散人聚”和“共同富裕”，在华为成功后将功劳归于众人，一个将企业、事业视作比自己生命还宝贵的任正非。

微语录

企业要有战略目标，更要有实现战略目标的具体部署和务实精神，要激发全体员工进行集体奋斗。

第二章

团队管理：
职业化是华为的第二次创业

•任正非说•

一个人不管如何努力，永远也赶不上时代的步伐，更何况知识爆炸的时代。
只有组织起数十人、数百人、数千人一同奋斗，你站在这上面，才摸得到时代的脚。如果不能民主地善待团体，
充分发挥各路英雄的作用，我将一事无成。

人是由低等动物进化而来的，一切动物都有其共性——原始野性；
即使当今已经理性化的人，在特定环境下也会产生原始的野性……
这是指那种巨大的潜能。团队推崇提倡的狼性文化，
即是指这种推进团队发展，为社会和人类创造效益的非凡的潜能，
指这种潜能释放出来的拼搏精神。

好团队的三个基本要求：1. 基层要有饥饿感；2. 中层要有危机感；
3. 高层要有使命感。如果你的目标就是更多工资、更多奖金，不是坏事，
至少说明你有强烈的追求和欲望。但是如果要再往上走，就不能局限于此。
这也是人和人走到最后会产生区别的原因。

坚持以结果为导向考核员工

我们还是要坚持以结果为导向考核员工，包括长期的、中期的和短期的结果。我们不要跑偏，不能凭考试涨工资，不能凭技能涨工资，而要看结果，看贡献。我觉得考试不能多，不要让员工把精力聚焦在考试上，而是聚焦在多做贡献上。如果聚焦于考试，那就会有一些人占便宜。有些人一次性把事做得很好，但考试考不好，会不会是打击？我想很多考试，考你们主管，你们可能很多不及格。考试好，就能当干部吗？我不会选一个只是考试好的人当干部。我们在干部评价体系上，强调贡献，用贡献来衡量绩效。

对员工的评价，看贡献，而不是看加班加点。有些干部以加班多少来评价人，以加班多少来评劳动态度，我认为这样的评价有问题。有些人很快把活干完，质量还很高，贡献也很大，但就是不加班。这说明他可能是一个潜力很大的人，可以给他换一个岗位，多一些事，看是否可以提拔一下，发挥更大的价值。我们不能形式主义。

——摘自任正非于2010年在华为PSST体系干部大会上的讲话

绩效管理能够体现出一家企业对员工综合评定的公正性，因而这项工作几乎为所有企业重视。但是，在实际管理中，绩效评定并非易事，很多企业针对员工的绩效考核虽然下了不小的功夫，结果却并未能让员工信服，没有起到预期的效果。所以，我们在现实中会见到，一些企业在对员工进行考核后，往往受到员工的质疑，并被员工抱怨说“考核标准不公平”，部门负责人则抱怨考核标准难以贯彻落实，从而使得考核在很多时候成为形式主义。

在企业管理方面，任正非是很重视对员工绩效进行考核的。伴随着华为公司的发展，任正非对员工绩效考核的标准也日益清晰。在华为创立的早期，员工考核这一项还比较“混乱”，华为也还没有设置真正的绩效考核体系。那时，华为的人力资源部门的工作人员主要是关注公司空缺的岗位是否及时填补、工资是否照常发放等浅层次的问题，至于员工绩效考核的指标等问题，基本上都忽略了。

随着企业的发展，员工绩效考核被忽略这个问题变得越来越突出。有些员工觉得自己比别人做得好，但在年底发奖金时，却发现自己领的奖金还没有不如自己的人多。于是，不少员工心怀不满。任正非深切地明白，要想让企业稳定地发展，首先就得让员工的心稳定下来。因此，以任正非为首的华为人通过不断地摸索，最终使得员工绩效考核体系明确起来。

在2001年前后，华为的人力资源部在员工绩效考核方面越来越细化，对员工岗位职责的描述也更加详尽。在华为，每年年初的时候，每个员工都需要制定绩效目标，然后努力达成这个目标。在员工努力的过程中，各级主管要对下属的目标进行必要的调整和协助。到年底考核时，人力资源部将员工的绩效结果与奖励机制进行挂钩，从而在全体员工面前彰显了一个考核标准：坚持以绩效结果为导向考核员工。这样，员工实现了多劳多得。企业根据每个员工所做的贡献给予相应的激励，便使员工将精力集中在为实现绩效目标方面，并进一步理顺了对员工的考核管理。

在具体操作时，华为的绩效管理从上而下进行。其中，绩效考核分为A、B、C三个档次，每个档次的绩效奖金差别在5 000元左右。绩效考核按照员工的比例进行固定分配，A档次的员工占5%，B档次的员工占45%，C档次的员工也占45%。剩下的5%的员工为最末一档，这一档的员工构成了将要被淘汰的部分，这在一定程度上贯彻了任正非末位淘汰制的管理理念。这一管理理念的一个重要目的在于打破员工的安逸感、怠惰感，使团队始终处于激活状态，并确保团队的良性发展。

同时，为了给一些考核不理想的员工以改进机会，华为还规定，连续几个月都被评为C档或者末档的员工，将面临真实的被降级或者被淘汰，这些员工不但职位会被降低，奖金也会随之减少。于是，华为在绩效考核方面的透明度增强，员工可以通过绩效考核单中的详细款项，清楚地看到自己在过去一年中做得好的地方与做得不好的地方，从而更好地改进。

由于员工考核优劣在绩效考核单中一目了然，因此即使有些员工拿的奖金较少，也不会认为自己“吃了亏”，而是根据绩效考核单来分析出自己为什么奖金会发得少，从而激励自己更加努力地改进工作。

为了将对员工进行的考核标准长久地固化下来，并且贯彻“考核是手段、进步是目标”的考核原则，在任正非主持下制定的《华为公司基本法》的第六十五条规定，对华为员工考评体系的建立是依据下述假设的：

1. 华为绝大多数员工是愿意负责和愿意合作的，是高度自尊和有强烈成就欲望的。

2. 金无足赤，人无完人；优点突出的人往往缺点也很明显。

3. 工作态度和工作能力应当体现在工作绩效的改进上。

4. 失败铺就成功，但重犯同样的错误是不应该的。

5. 员工未能达到考评标准要求，也有管理者的责任。员工的成绩就是管理者的成绩。

《华为公司基本法》的第六十六条进一步明确：建立客观、公正的价值评价体系是华为人力资源管理的长期任务。

员工和干部的考评，是按明确的目标和要求，对每个员工和干部的工作绩效、工作态度与工作能力的一种例行性的考核与评价。工作绩效的考评侧重于绩效的改进上，宜细不宜粗；工作态度和工作能力的考评侧重于长期表现上，宜粗不宜细。考评结果要建立记录，考评要素随公司不同时期的成长要求应有所侧重……员工和干部的考评实行纵横交互的全方位考评。同时，被考评者有申诉的权利。

任正非认为，洞悉以结果为导向的考评理念，完善企业内部的绩效考评体系，不仅是对员工的负责，更是促进企业职业化发展的一个要求，能使企业发展获得源源不断的驱动力。

微语录

在员工绩效考核中，企业要牢牢把握以绩效结果为导向的考评理念，只有这样，才不会使企业和员工在绩效考核中迷失方向。

低调做人，本分做事

我们主要是对政府负责任，对企业的有效运行负责任。对政府的责任就是遵纪守法，我们去年交给国家的增值税、所得税是18个亿，关税是9个亿，加起来一共是27个亿。估计我们今年在税收方面还能再增加百分之七八十，可能要给国家交到40多个亿。我们已经对社会负责了。媒体有他们自己的运作规律，我们不要去参与，我们有的员工到网上辩论，是帮公司的倒忙。媒体说你好，你也别高兴，你未必真好。说你不好，你就看看是否有什么地方可改进。实在报道有出入的，不要去计较，时间长了就好了。希望大家要安安静静的。

……我想，每个员工都要把精力用到本职工作上去，只有本职工作做好了才能为你带来更大的效益。国家的事由国家管，政府的事由政府管，社会的事由社会管，我们只要做一个遵纪守法的公民，就完成了我们对社会的责任。只有这样，我们公司才能安全、稳定。不管遇到任何问题，我们的员工都要坚定不移地保持安静，听党的话，跟政府走，严格自律，不该说的话不要乱说。特别是干部要管好自己的家属。我们华为人都是非常有礼仪的人。当社会上根本认不出你是华为人的时候，你就是华为人；当这个社会认出你是华为人的时候，你就不是华为人，因为你的修炼还不到家。

——摘自任正非的《华为的冬天》

2005年，美国《时代周刊》将任正非评入全球“建设者与巨子”100名。对此，美国《福布斯》杂志这样评价：“任正非是一个很少出现在公众视野中的人物，却是国际上最受人尊敬的中国企业家。”

2008年，任正非荣膺《中国企业家》杂志评选的“2008年度中国最具影响力企业领袖终身成就奖”，《中国企业家》杂志社社长刘东华评价说：“任正非几乎是中国最有静气和最有定力的一位企业家。”

2009年，美国《福布斯》（中文版）首次推出有12人入选的“最受国际尊敬的中国企业家”年度人物榜，任正非高居榜首。《福布斯》（中文版）表示，任正非虽然不喜欢在公众面前露面，但他在全球大型跨国公司领袖中受到尊敬的程度，在中国国内无人能出其右，华为至今仍然几乎是唯一在高科技领域内具有全球竞争力的中国（不含港、澳、台地区）跨国公司。

2012年3月，美国《财富》（中文版）公布了中国最具影响力的50位商界领袖名单，任正非排名榜首。尽管任正非获得过很多荣誉，但他几乎从未接受过媒体的正面采访，也不参加评选、颁奖活动和企业家峰会，在媒体面前非常低调。然而，任正非的低调与在他带领下的华为公司的迅速崛起和突飞猛进形成鲜明对比，这使得任正非被媒体称为“中国最神秘的企业家”。

任正非在媒体面前的低调，一方面是性格使然，他天性中沉稳大气的性格使他成为稳重低调的管理者；另一方面，任正非也是为华为考虑，以免惹是生非。这从任正非在一次去国外出差的旅途中所发出的感慨可以看出：

“当台风来的时候，什么措施最保险？不是站得高、挺得直，而是趴下，尽量低一些，再低一些，才能不被吹倒！我们不知道什么时候会来大风，所以，我们一直要尽量低一些！”

正因如此，任正非也倡导员工要低调做人，只有这样，员工才能把更多的精力和时间花在好好做事方面。在这方面，任正非可谓为员工做了表率。在华为曾经流传着这样一个故事：

华为公司总部，两个女职员在电梯里抱怨着公司财务制度上的一点小问题。她们注意到电梯里还有一个面貌敦厚的长者，由于这位长者看起来很普通，因此她们也就没有当回事。然而第二天，这两个女职员就被告知，她们昨天抱怨的那个问题已经解决了。这两个女职员很吃惊，赶忙问是怎么回事，对方告诉她们，任总（任正非）亲自打来电话交代的。

我们暂且不论这个故事的来龙去脉，任正非的低调是可想而知的。然而，一向低调的任正非，在涉及华为业务需要时，仿佛立刻就“高调”起来。有一次，华为在文莱一家酒店举办了一场客服大会。当时，在酒店门口，有一个人拿着一大堆名片向前来参加会议的客户散发。每一个客户过来时，这个人都要上去热情地说一句“我是华为的，请多关照”，然后递给客户一张名片。大家拿到这张名片，看到上面的名字后不禁吓了一跳，原来，这张名片上写的是“任正非”。

总之，从任正非的低调与“高调”中，我们看到了一个全身心投入华为事业的任正非：只要有利于企业的长远发展，对任正非来说，自己的“功”或“名”就不算什么。任正非的这种精神，感染了很多华为员工，使得华为人在开拓市场的征程中，敢打硬仗、苦仗，也使华为“军团”成为外资通信巨头心中“可怕的对手”。

当然，随着华为的影响力越来越大，关心华为的人也越来越多。外界更希望华为适度地展示自己，这在华为经营国际市场时也是很有必要的。为此，任正非表示“要改善和媒体的关系，要善待媒体”；但同时，任正非还强调“永远不要利用媒体，我们要改善和媒体的关系，而不是要利用媒体”，这其实与任正非一贯倡导的“实事求是”“务实”是一脉相承的。

微语录

员工要低调做人，去除浮华；本分做事，但求实效。

实践＋总结＝能力提高

实践是您水平提高的基础，它充分地检验了您的不足，只有暴露出来，您才会有进步。实践再实践，尤其对青年学生十分重要。唯有实践后善于用理论去归纳总结，才会有飞跃的提高。要摆正自己的位置，不怕做小角色，才有可能做大角色。有一句名言：“没有记录的公司，迟早是要垮掉的。”多么尖锐。一个不善于总结的公司会有什么前途？个人不也是如此吗？

实践改造了人，也造就了一代华为人。您想做专家吗？一律从工人做起，已经在公司深入人心。进入公司一周以后，博士、硕士、学士，以及在原单位取得的地位均消失，一切凭实际才干定位，已为公司绝大多数人接受。希望您接受命运的挑战，不屈不挠地前进，不惜碰得头破血流。不经磨难，何以成才？

……您有时会感到公司没有真正的公平与公正。真正绝对的公平是没有的，您不能对这方面的期望值太高。但在努力者面前，机会总是均等的，只要您努力，您的主管就会了解您的。要承受得起做好事反受委屈。没有一定的承受能力，今后如何能挑大梁？其实，一个人的命运就掌握在自己手上。生活的评价，是会有误差的，但决不至于黑白颠倒，差之千里。

……希望您丢掉速成的幻想，学习日本人的踏踏实实、德国人的一丝不苟的敬业精神。在现实生活中，能把某一项技术精通就是十分难的。您想提高效益、待遇，只有把精力集中在一个有限的工作面上，不然就很难熟能生巧。您什么都想会、什么都想做，就意味着什么都不精通，任何一件事对您都是做初工。努力钻进去，兴趣自然在。我们要造就一批业精于勤、行成于思、有真正动手能力和管理能力的干部。机遇偏爱踏踏实实的工作者。

——摘自任正非的《致新员工书》

世界著名管理专家杰克·韦尔奇曾说："人才是经营公司的一等任务。在用人方面，怎样对待人才，是管理者领导能力和驾驭能力的高度体现。"任正非也非常珍爱人才，那么，如何才能打造出人才呢？任正非强调以贡献大小来评定员工，而不是以员工的知识、背景、学历等来评定。

在任正非看来，员工首先要踏踏实实地做事，切忌好高骛远，什么工作都想插手，结果什么都做不好。那些浮躁的员工，通常是华为要淘汰的对象。一个好的员工，必然将精力放在某一个领域，认真钻研，紧密配合公司的战略部署要求，从而在实践中加深对工作的认识，再予以必要的总结，最终提升自己的能力。

为此，任正非在华为制定了一项铁的纪律：坚决反对空洞理想，员工务必要立足于做好本职工作。之所以如此，是因为任正非认为，真正的人才是能够经得起实践检验的，而不仅仅是停留在理论上。对此，正如任正非所说："知识不等于能力。书读得太多，方法论太多，有时反而会相互抵消。不知道活学活用的话，反而会变得越来越蠢……进华为大门时看学历，进了门之后，就把学历证书扔到箱子底下，华为只注重你的实际能力和贡献，一切从基层做起。"

在华为公司每年的《汇报提纲》里，总会有关于人员情况的介绍，其中会提到华为本科生、硕士生、博士生分别占公司员工总数的85%、60%、10%，这一度引起社会与业界的赞叹，身为华为员工的许多人也为此充满了自豪感。然而，任正非的看法是："我们不唯学历论，学历是重要的，但不是唯一的，到公司后一个星期内所有学历就丧失了。所有干部评价统计表上，唯有学历这一栏没有，填的都是你在公司的实践工作，防止干部评价完全躺在学历簿上。”

任正非认为，一个人究竟怎么样，文凭并不重要，重要的是要努力地提高自己的基础知识和技能。拥有学历的人曾受到很好的基础训练，容易吸收新的技术与管理，有好的素质，接受新东西的能力会强一些；但也要辩证地看到，拥有学历的人不一定有很好的技能。华为要以绩效、贡献来评价薪酬，以一个人拥有知识的贡献度来确定收入，而不能按一个人的知识来确定收入。知识要在实践中转化为经验与能力，才有价值。

因此，任正非指出，员工在华为提高自己的方式有两种：一是在实践中不断地加强学习与总结，以提高自己；二是和周边同事多融合，向他们多学习，提高自己。

微语录

员工要提高自己的素质与能力，就要在实践中学习，在理论中学习，在反思与总结中学习，在与别人的交流中学习。

培育集体奋斗的土壤

我们认为企业发展主要牵引动力是机会、人才、技术、产品。这四种力量相互作用，机会牵引人才，人才牵引技术，技术牵引产品，产品牵引更多的机会，这是一个循环。员工在这个成长圈中处于主动位置。要重视对人的研究，让他在集体奋斗的大环境中，去充分释放潜能，更有力、有序地推动公司前进。

……华为公司十分重视对员工的培训工作，每年为此的付出是巨大的。原因一是中国还未建立起发育良好的外部劳动力市场，不能完全依赖在市场上解决。二是中国的教育还未实现素质教育，毕业的学生上手的能力还很弱，需要培训。三是信息技术更替周期太快，老员工要不断充电。公司有多少种员工培训中心，我也不清楚。总之，员工之间的相互培训，已逐渐形成制度。

……我们对所有的学生以同样的标准来要求，从一开始就培育团结合作、群体奋斗的精神，从而推动实现集体奋斗的宗旨。将来在工作中，会更多地放松一些对个性的管理，有了这种集体奋斗的土壤，个性的种子才能长成好的庄稼。

我们尊重有功劳的员工，给他们更多一些培训的机会，但岗位的设置一定要依据能力与责任心来选拔。进入公司以后，学历、资历自动消失，一切根据实际能力、承担的责任来考核、识别干部。

——摘自任正非的《华为的红旗到底能打多久》

在现代企业管理中，对员工进行培训，是一项重要的工作。因为培训不仅可以增强员工的工作技能，提高工作效率，还可以贯彻公司的文化理念。所以，华为历来重视对员工的培训。在华为，无论是新员工，还是老员工，都会持续不断地接受培训。对此，任正非说："在华为，人力资本的增长要大于财务资本的增长。追求人才更甚于追求资本，有了人才就能创造价值，就能带动资本的迅速增长。"

一般情况下，企业在招聘时，会喜欢招有一定工作经验的人；华为在招聘人才时，则更青睐应届毕业生，希望给这些年轻人一些机会。当然，刚从学校毕业的学生，可能会有实践能力弱等问题。如何解决这样的问题？任正非认为，刚毕业的大学生，会面临在学校里所学的理论知识与在公司里的实践不一致的矛盾，解决这个矛盾的有效办法，就是进行培训。华为在对新员工的培训方面，投入了巨大的人力、财力和物力。

通常来说，在加入华为前，每个新员工都要参加为期20天左右的企业文化培训。在培训期间，他们都会获得一个编号，表示他们是第几个进入华为的员工，例如获得编号"1105"，就意味着这个人是第1105个进入华为的。

为了增强培训的实用性，华为公司会从生产、市场和管理一线抽调资深员工与新员工进行近距离交流，从而确保培训与工作紧密结合。

同时，参加培训的员工都会拥有一个培训档案，培训期间的所有培训内容、考试结果、教官评语和培训状态都会被记录在档案中。正式入职后，这名员工的主管首先看到的就是其入职培训成绩，这些成绩会影响员工此后的加薪与晋升。

培训结束后，每个人还要进行严格的任职资格考试，考试的结果将决定参与培训的员工是否可以被录取。考试合格的员工会有三个月的试用期，在这期间，新员工所在部门会安排一位资深员工作为其导师，在工作、生活等多个方面对新员工予以帮助和指导；导师还要对新员工的绩效负责，新员工的绩效也将直接影响导师的工作绩效。

通过这样一系列卓有成效的培训，新员工能够快速地了解华为的价值观、经营理念与企业文化，掌握工作技能；同时，在培训中员工之间的共同学习经历以及“老带新”的帮扶关系，有助于培育华为内部集体奋斗的大环境，增强员工的合作精神。

2005年，为了进一步将华为打造成学习型组织，华为更是斥巨资成立了华为大学，为所有员工及客户提供众多培训课程，为员工与客户的发展提供有力的帮助；同时，在华为内部，还配有一支由来自多家名牌大学的教授以及一些研发中心退休的老专家所组成的教授专家团队，从而在企业层面上为员工更好地提供顾问支持，解决员工所遇到的难题。

任正非带领华为人所进行的一系列努力，从整体上提高了华为人的业务能力，为华为不断赢得市场提供了持续的动力支持。

微语录

企业要加强员工的能力建设，在员工队伍中贯彻企业文化，培育集体奋斗的大环境。

在冷板凳上坐的都是一代英豪

《华为人》报的文章《板凳要坐十年冷》是多么好的阐述。在冷板凳上坐的都是一代英豪。科学是老老实实的学问，要有思想上艰苦奋斗的工作作风，要有坚定不移的精益工作目标，要有跟随社会进步与市场需求的灵活机动的战略战术。做实不是没有目标、没有跟踪、没有创新，但没有做实就什么也没有。君不见周劲、余浩泽、吴昆红、谷丰、张来发、张群等人的点滴奋斗与持之以恒的努力，踏踏实实地在本职岗位上不断地进取，太阳已经在地平线下升起。

做工作是一种热爱，是一种献身的驱动，是一种机遇和挑战，多么难得！应该珍惜它。认真地做好每一件事，不管是大事，还是小事。目光远大，胸怀开阔，富有责任心，不计较个人的得失。只有全身心地投入、潜心钻研，才会有爱因斯坦、居里夫人、瓦特与贝尔……才会有没有受过系统教育而成为发明大王的爱迪生。人只要热爱它，终会认识它，在严格的、大量的实践中，看出破绽，产生新的突起。没有实践的创造发明越来越难。长期不懈地做实，最终将创造奇迹，这是历史的启示，也是量变到质变的规律。我们必须有所作为，一切有志于献身事业的人，都应义无反顾地勇往直前，不管两旁的鲜花、荆棘。

——摘自任正非于1997年在华为研究试验系统先进事迹汇报大会上的讲话

华为公司是一家高科技公司，保持技术上的创新，对于增强华为的核心竞争力有着非常重要的作用。所以，任正非坚持要将华为年销售额10%的资金用于研发；同时，在华为的员工组成中，研发员工占到46%，占着很大的比重。

对于做研发的人来说，自然需要一种定力，一种甘于长期坐冷板凳的精神。这是因为，创新总是需要一定过程的，是建立在一定基础上的创新。所以，研发人员的踏实精神就很重要。

在鼓励员工踏实工作方面，任正非会选择一些具有典型意义的员工作为大家学习的榜样；同时，任正非还会讲述一些国内外著名科学家的事迹，从而鞭策员工用心工作，在看似平淡的工作中做出成绩。

然而，冷板凳常是企业员工一提就皱眉的东西，因为每个人都希望自己成为公众注目的主角。实际上，在特定环境里，主角总是有限的，注定有人得在冷板凳上熬着。那么，员工究竟是该坐还是不该坐？如何坐？为何而坐？尽管任正非一再强调“冷板凳上坐的都是一代英豪”，但作为当事人的员工，内心里还是会有些别扭的。比如，清华大学博士毕业的杨玉岗，1998年进入华为时，本以为会受到重用，结果领导只是安排他从事与电磁原件相关的工作。杨玉岗有些想不通，有种不被重用、被埋没的感觉。他觉得，自己是堂堂正正的名校博士毕业生，理所当然地应该做项目，而且是大项目，没想到却让自己做这种电磁元件的“小事”。

在杨玉岗看来，做这样的“小事”，几乎没什么成就感，也没有发展前途，只能用到他所学的很小的一部分专业知识。他觉得为这种“小事”付出时间和精力去坐冷板凳，有些不值。当时，杨玉岗只是出于服从领导的安排，才不得不去做电磁元件这件“不起眼”的“小事情”。然而，随着杨玉岗在工作中的经历和体验的不断增多，他发现，电磁元件虽小，但却可能影响产品的整体质量，便逐渐在这种“小事”里投入了很多的时间和精力。2000年，在二次电源产品线和中试部及工艺部领导的支持下，杨玉岗承担起改进电磁元件的项目，经过持续的努力和探索，终于取得了显著进展，还申请了专利，为华为带来了可观的收益。

后来，杨玉岗在华为公司内部刊物《华为人》报中发表了一篇文章《板凳要坐十年冷》，受到任正非的表彰。

在任正非向员工列举的做出突出成绩的中外科学家中，几乎每一位都具备坐冷板凳的精神。比如，爱因斯坦（1879—1955）从16岁时便考虑光速的内在矛盾问题，36岁时正式提出相对论，累计耗时20年；居里夫人（1867—1934）与丈夫在极其简陋的实验室里，坚持4年，最终提炼出镭；瓦特（1736—1819）用了8年时间，最终研制出改良型蒸汽机，并成功地应用于实际生产，使人类进入"蒸汽时代"；贝尔（1847—1922）不分昼夜地用了3年时间，最终研制出了电话。

国外的科学家有长期坐冷板凳的毅力与献身精神，我国的科学家，比如钱学森、华罗庚、邓稼先、李四光等人也无不具备这种精神。实际上，对科学的献身精神，是不分国界的。在任正非看来，这些国内外杰出的科学家全身心投入工作的精神，值得全体华为人学习；同时，员工只有具备这种"咬定青山不放松"的恒心，才能最终在自己专注的领域里做出显著的成绩。

正因为这样，任正非才鼓励那种敢于坐冷板凳、在冷板凳上执着地钻研的精神。实际上，那些在冷板凳上长期发愤图强的人，最终都会成长为某方面的专家或能手，从而更好地实现人生价值。

»»»» 微语录

员工要具备踏实肯干的工作精神，在本职工作上精益求精，才能有所突破。

进了华为就是进了“坟墓”

有一篇文章叫《硅谷：生机盎然的坟场》，是讲美国高科技企业集中地——硅谷的艰苦创业、创新者们的故事的。它“埋葬”了一代又一代的优秀儿女，才构建了硅谷今天的繁荣。华为也是这样的企业，也是无数的热血儿女，贡献了青春与热血，才造就今天的华为……要突破艰难险阻才会有成就。任何做出努力、做出贡献的人，都是消耗其无限的生命才创造了有限的成功的。

华为要想追上西方公司，无论从哪一方面条件都不具备，而且有些条件可能根本不会得到，因此，只能多付出去一些无限的生命。高层领导为此损害了健康，后来人又前仆后继、英勇无比。成功的背后是什么？就是牺牲。

——摘自任正非的《新员工如何融入工作》

2005年春节晚会上演出的《千手观音》，让任正非非常震撼。那些完全听不到声音，甚至可能一生都不知道什么是声音的孩子，竟然能做出那么整齐划一的动作，完成那么精美绝伦的演出，这让任正非陷入了深深的思索。

同样也是在2005年，华为的销售额达到453亿元人民币，其中，海外市场达到32.8亿美元，海外市场首次超越国内市场。此时，全球超过10亿用户在使用华为的产品和服务，华为的业务已经成功地进入了100多个国家。可以说，正在国际化征途上突飞猛进的华为，是海外市场中表现得最好的一家中国企业。

任正非认为，华为在海外很多市场上只是刚刚爬上滩涂，随时都可能再被赶回海里。网络和业务在转型，客户需求正在发生深刻的变化，产业和市场风云变幻，刚刚积累的一些技术和经验又一次面临自我否定。在这个历史关键时刻，华为决不能分心，更不能动摇。无论过去、现在，还是将来，华为都要继续保持艰苦奋斗的作风。唯有如此，华为人二十余年的努力才不会付诸东流。

这不禁让我们想起了非洲戈壁滩上生长着的一种叫作依米的小花。一般来说，能在戈壁滩上顽强生长的植物其根系都是十分发达的，只有这样才能在贫瘠的土地里吸收到足够的养分，从而维持最起码的生存所需。可是，这种叫作依米的小花却只有一条根，它必须把根插到地底最深处，才能确保吸收到可以维持生命的水分和养料。要做到这点，依米需要花六年的时间。

然而，令人惋惜的是，这种历经六年奋斗才展露的花儿，却只能绽放两天！两天过后，整株依米花便会完全枯萎。其实，我们平时所说的蝉，其命运和依米是非常相似的。蝉要历经地下长达两年的黑暗生活，才能在夏日里尽情地欢歌，然而，蝉在地面上欢唱的日子还不到两个星期。

以六年搏两天，以两年搏两个星期，刹那间的辉煌，都要付出非同寻常的努力，这就是普遍的自然法则。正因如此，任正非才会对员工说“进了华为就是进了坟墓”，这更多的是体现一种艰苦奋斗的精神。任正非认为，华为有今天的辉煌，正是这种艰苦奋斗精神长期作用的结果。可以说，艰苦奋斗是华为能走到今天的一个重要的精神保障；没有了艰苦奋斗，就意味着华为失去了自己的灵魂。

随着华为事业的壮大，员工队伍也在急剧扩大，到2007年2月时，华为的员工总数已经超过了5万人，仅海外员工就有近5 000名，此时的华为在海外更是捷报频传，市场增长迅猛，一派欣欣向荣的大好景象。

然而，在繁荣背后，任正非敏锐地发现了隐藏的问题。他发现有些华为的干部、员工，在逐渐偏离艰苦奋斗的精神，开始津津乐道于享受生活，放松了对自己思想上的要求，对工作不再兢兢业业，怕苦怕累，对待遇则斤斤计较——这些人正在忘记华为取得成绩的根本，那就是“长期坚持艰苦奋斗”。因此，早在2006年底，任正非就再次不断地强调艰苦奋斗的重要性。比如，任正非在《天道酬勤》这篇文章里说：“一个没有艰苦奋斗精神做支撑的企业，是难以长久生存的……我们发扬的是大庆精神，先生产、后生活。”

当然，随着华为的迅速发展，华为员工的待遇显著改善，甚至成为国内员工待遇的标杆企业。对此，任正非认为，艰苦奋斗并不意味着每天都要吃糠咽菜，关键是要在精神上保持艰苦奋斗不动摇。这也正如任正非所说：“我们会不断地改善物质条件，但是艰苦奋斗的工作作风不可忘记，忘记过去就意味着背叛。我们永远强调在思想上艰苦奋斗。思想上艰苦奋斗与身体上艰苦奋斗的不同点在于：思想上艰苦奋斗是勤于动脑，身体上艰苦奋斗只是手脚勤快。我们要提拔重用那些认同我们的价值观又能产生效益的干部。我们要劝退那些不认同我们的价值观又不能创造效益的人，除非他们迅速转变。”

微语录

长期保持艰苦奋斗的精神不动摇，是确保一个企业长盛不衰的根本。

第三章

中高层管理：
选拔干部要看局部贡献和全局贡献

·任正非说·

我们首先要坚定不移地贯彻干部的末位淘汰制。
现在我们强调代表处代表和地区部总裁要实行末位淘汰，大家要比增长效益……如果你不能使这个代表处产生盈利，我们就对你末位淘汰；
如果你有盈利，但没有做出战略贡献，我们也不会提拔你。

在华为公司，最无所事事、最不管具体事情、最不干预事情、
最不抓权的就是我。其实，我是为大家创造发展的环境。
每个领导者也要学会领导方法，去创造环境，让大家奋斗，
一定要看到部属的成功就是你最大的成功。

我们必须合理减少管理层级……尽可能地压缩行政管理干部的数量，
降低非生产劳动力的比例。我们的出路一是增加销售额，二是降低成本。
对于非直接销售部门来说，其行政管理干部要担负起提高工作效率、
降低管理成本的任务来。

“宰相必起于州郡，猛将必发于卒伍”

现代化作战要训战结合，干部要有基层实践经验为任职资格，“宰相必起于州郡，猛将必发于卒伍”……华为公司未来新的战斗将越来越复杂，比如，攻占大数据流量制高点，你们能给客户讲清楚大数据流量及其模型是什么吗？首先要自己深刻理解后，才能让客户去接受……真正的英雄，都是从本职工作成长起来的……未来机关各级干部如果没有成功的项目实践经验，就没有资格担任管理者，否则一定是瞎指挥。自己搞不明白，开会做不出结论，没有实践经验而造成管理复杂。当然，我讲的是明天的问题，今天还可以担任，所以大家需要补课，各级干部一定要在实战中去提高自己的管理能力。

——摘自任正非于2014年7月在华为“后备干部项目管理与经营短训项目”座谈会上的讲话

伴随着华为在海外市场的迅速崛起，华为的市场规模不断扩大，对干部的需求也在持续增加。那么，干部应该从哪里来？怎样尽快地培养出足够的干部，以应对华为事业的需求？对此，任正非说：“现在我们需要大量的干部，干部从哪里来？必须坚持从实践中来。如果我们不坚持干部从实践中来，我们就一定会走向歧途。是不是外来的‘空降部队’就一定不好呢？很多公司的历史经验证明，‘空降部队’也是好的，但是其数量绝对不能太大。”

任正非的言外之意，也就是说，华为的干部主体，还是要从内部培养与选拔起来。其实，华为也曾用过“空降兵”，比如，华为曾经从哈佛大学招聘过几名博士来做管理，但这些“空降兵”所带来的一系列工作流程和方法，并不能很好地适应华为的实际情况，因而并未实质性地提升华为的竞争力，也让这些“空降兵”认为未能在华为发挥出应有的水平。

为此，任正非更加注重从内部挖掘大量基层人才，以避免“空降兵”的水土不服。实际上，在华为，几乎所有高层管理者都不是直接提升上去的，每个高管基本都是一步一个脚印地培养起来的。这些既有基层工作经验，又有管理知识和技能的干部，潜能巨大，因为他们更熟悉华为文化的基因，认同公司的价值观，了解员工的工作状况与想法，远比“空降兵”实用。

在干部培养方面，为了能够充分挖掘每个员工的潜能，华为设计了一套著名的五级双通道晋升模式。也就是说，在华为内部，每个员工都会面对两条不同的职业发展道路：分别是专业通道和管理通道。这两条通道是平行的，没有交叉，所有员工都可以根据自身的特长和意愿，为自己设计切实可行的职业发展生涯。每个通道又分为若干等级，只有连续3年绩效达到12分的员工，才有资格申请晋升到更高的一级，从而保证了优秀骨干被挖掘出来，并在公司中脱颖而出。

另外，如果有的员工感觉自己能力很强，不想放弃另一个通道，那么，这个员工也可以选择双线发展。如果其领导能力或人际关系能力相对较弱，那么还有技术等级资格做保障；假如员工觉得自己的技术等级资格相对较弱，还可以转向管理岗位。

同时，为了留住那些有丰富经验的资深技术骨干，华为还规定：员工一旦达到资深技术专家的级别，即便没有担任任何管理职务，同样可以享受公司副总裁的薪金和职业地位，有权调动资源。

任正非带领下的华为人，长期保持务实的精神特质，确保华为在经营方面稳健地前进，或许正与任正非提倡的这种“干部要从实践中来、从基层中来”的理念有着内在联系。

无独有偶，马云在1999年创立了阿里巴巴，经过15年的发展，阿里巴巴于2014年9月在美国纽约证券交易所上市，创美国市场最大的IPO①纪录。成功地带领阿里巴巴走向辉煌的马云，也很注重从内部培养员工与选拔干部。针对企业对于人才的培养，马云曾说：

“关于挖掘内部人才的问题我是这么看的，永远要想办法找到在你公司内部会超过你的人，在公司内部找到能够超过你的人，这就是你发现人才的办法。如果你找不到问题，则一定是你的眼光有问题，你的胸怀有问题，可能你的实力也有问题。所以我觉得要在内部找到超过自己的人。

“你相信这小伙子，这个人，三年五年以后一定超过自己，找出这样的人来。今天，他也许有这样那样的问题，但是一定有这样的潜力。第二个，从结果上判断他，从过程上判断他，从他边上的人判断他，但是还有很重要的是让他给你推荐他认为最优秀的人，从这儿判断他是不是优秀的人才。”

在阿里巴巴，任何一位员工只要被挖掘出来，被马云认为是“可塑之才”，就会得到公司的大力培养和重用。同时，马云也会给这些员工提供各种培训机会，让他们在不同的业务部门里体验，使他们能在较短的时间内接触到不同的业务，从而锻炼自己各方面的能力。一旦这些优秀员工成长为独当一面的“将才”“帅才”，就意味着阿里巴巴的竞争力将上升到一个新的台阶。

另外，在从内部选拔人才方面，联想的创始人柳传志也给我们提供了很好的范例。比如，柳传志培养出的几位重要接班人，包括联想集团的杨元庆、神州数码的郭为等人，无不是柳传志从内部、从基层选拔出来的，而这

---

① IPO，全称为Initial Public Offerings，可译为“首次公开募股”，指股份公司首次向社会公众公开招股的发行方式。

些起于“州郡”和“卒伍”的“帅才”，用自己的实际行动和业绩证明了柳传志在识人、用人方面的睿智。

总之，在当今市场竞争激烈的时代，注重发现人才、选拔人才，尤其是从内部挖掘优秀人才，考验了一个企业家的用人智慧。在这方面，任正非、马云、柳传志等人给我们提供了可资学习与借鉴的宝贵经验。

微语录

企业不要迷信“外来的和尚好念经”，而要积极地从实践、从基层中选拔优秀员工做干部。

注重个人成就感的人不能当领导

我们区别干部有两种原则：一是社会责任（狭义），二是个人成就感。社会责任不是指以天下为己任，不是指“先天下之忧而忧，后天下之乐而乐”这种社会责任，我们说的社会责任是在企业内部，优秀的员工对组织目标的强烈责任心和使命感，大于个人成就感。他以目标是不是完成来衡量工作，以完成目标为中心，为完成目标提供了大量服务，这种服务就是狭义的社会责任。

有些干部看起来自己好像没有什么成就，但他负责的目标实现得很好，他实质上就起到了领袖的作用。范仲淹[①]说的那种广义的社会责任体现出的是政治家才能，我们这种狭义的社会责任体现出的是企业管理者才能。我们还有些个人成就欲特别强的人，我们也不打击他，而是肯定他、支持他、信任他，把他培养成英雄模范。但不能让他当领袖，除非他能慢慢地改变过来，否则永远只能从事具体工作。

这些人没有经过社会责任感的改造，进入高层，容易引致不团结，甚至分裂。但基层没有英雄，就没有活力，就没有希望。所以我们把社会责任（狭义）和个人成就都作为选拔人才的基础。企业不能提拔被动型人才，允

---

① 范仲淹（989—1052），北宋著名的思想家、政治家和文学家，著有《范文正公文集》，曾提出过名句“先天下之忧而忧，后天下之乐而乐”。

许你犯错误，不允许你被动。

使命感、责任感，不一定是个人成就感。管理者应该明白，要帮助部下去做英雄，为他们做好英雄、为实现公司的目标提供良好服务。人家去做英雄，自己做什么呢？自己就是做领袖。领袖就是服务。

——摘自任正非的《华为的红旗到底能打多久》

克劳塞维茨[①]在《战争论》中说过一句话：“要在茫茫的黑暗中，发出生命的微光，带领着队伍走向胜利。”这是任正非很欣赏的一句话。的确，在战争中，将领的作用是非常重要的，而将领思想上的光芒，会在队伍陷入困境、艰难无助时，激励队伍走出茫茫的黑暗，乃至走向光明。

然而，作为团队领导，任正非认为，更重要的是把自己的部下源源不断地培养成为英雄，而不是自己去当个人英雄。所以，领导者要淡化个人成就感。对此，任正非说：“当然，英雄也可转化成领袖，领袖就是我们的项目经理、科长、处长、办事处主任，等等。领袖不重视个人成就感，只注重组织目标的成就感……我们有非常多的无名英雄，他们是我们未来的一切，我们要依靠他们团结奋斗，充分发挥个人能力。我们要构建干部体系，通过价值评价体系把我们所需要的优良作风固化下来……那么下个世纪，我们将是大有希望的。”

实际上，华为走到现在，也是从“英雄时代”一步步走过来的。当初，华为刚创立时，不过是个小公司，各个部门出现了大量英雄，推动了华为事业的迅速发展，也奠定了华为的基业。那时，为了能够让公司大力发展，任正非鼓励员工们积极发挥个人才干，争当华为各部门的英雄，华为后来的很

① 克劳塞维茨（1780—1831），德国军事理论家和军事历史学家，近代军事战略学的奠基人，普鲁士军队少将，著有代表作《战争论》。

多高级管理者就是在这个时期涌现出来的。

随着华为的不断壮大，公司内部的治理就不能再单凭激情和热忱了，更多的是需要制度和理性。这个时期的任正非，也已经敏锐地觉察出了公司在管理方面的问题，便开始认真思索个人与企业之间的关系。于是，任正非逐渐不再把“英雄”挂在嘴边，更多地考虑的是如何使华为成为一家能够长久发展的企业。

在2000年，为了使华为的高层管理者进一步了解领导者的职责，任正非组织华为高级副总裁以上的干部，以“如何有效地治理公司”为题目进行命题作文。这次考试并非一考定终生，考不好的人还可以学习改进，只要下一次能够有进步就行。但是，一而再、再而三考不好的高级管理者，将面临被降级的风险。

其实，通过这样的考试，任正非希望从“英雄时代”发展起来的很多高级管理者重新整理思想，变“个人英雄”为积极培养更多的英雄，从而支撑华为的持续发展。任正非甚至还强调：注重个人成就感的人，不能当领袖。这意味着如果有人还没有从“个人成就感”里走出来，就将在未来发展上失去机会。

为了形象地说明这个道理，任正非曾举了个例子：一列从广州开往北京的火车，有数百人在维护铁轨，从而确保火车正常前进；有数十个司机负责火车安全行进，这列火车才能够安全地到达目的地。这并非一个人的功劳，而是很多人的功劳。所以，没有某一个人是孤立的英雄，大家都是奋斗者，都是英雄。

其实，强调淡化个人英雄主义色彩，是希望将华为逐渐发展为职业化管理的公司，组建起依靠流程化和职业化进行管理的团队。为了达到这个目标，华为在美国Hay公司[①]的协助下，制定了高层干部任职资格的评选标准。

① Hay公司，又称合益咨询公司，于1943年在美国费城成立，是一家著名的全球性管理咨询公司。

其中，任职资格共分为5个等级，每个高层管理者在每年年初的时候都要填写任职资格表，年底要填写述职报告，公司会根据高层管理者这一年的努力和表现来评定其是否合格、是否达到了标准。

这项干部任职资格评定工作，由任正非亲自主持，高级副总裁以上的干部一起参与评定工作。通过这种做法，高级干部们进一步认识到，个人的能力是有限的，只有聚集团队的力量，才能做出更好的成绩。

微语录

企业管理者不要热衷于自己当英雄，而要将自己带领的团队培育为集体英雄。

没有干劲的人不能进入高层

要有强烈的进取精神与敬业精神，没有干劲的人不能进入高层。不仅仅是个人的进取精神，而是所领导群体的进取精神与敬业精神。没有敬业精神的高级干部要调整职位。华为公司永远要充满活力，永远不允许有自满自足的情绪在公司游荡。

各级领导干部不但要学会做人，也要学会做事，踏踏实实地做事，认认真真地做事。那种只说不做或只会做表面文章的人，只会进行原则管理、从不贴近事件的人，不能得到提拔和重用。

各级干部都要亲自动手做具体事。那些找不到事又不知如何下手的干部，要优化精简，不仅要精兵简政，也要精官简政。我们将把没有实践经验的干部调整到科以下去。在基层没有做好工作的，没有敬业精神的，不得提拔。任何虚报数字、作风浮夸的干部都会被降职、降薪。

——摘自任正非的《不做昙花一现的英雄》

华为公司选拔干部，长期秉承这样一个原则：必须具备强烈的进取精神和敬业精神。一般情况下，企业内核心的领导干部约占5%。这5%的管理者要担负起引领企业发展的重担，就必须有责任心、上进心，不仅要将企业维持在必要的生存水平线上，还要将企业发展壮大，让企业中的每个员工都能感受到希望。

为此，任正非要求华为的管理者务必有很强的办事能力，有强烈的社会责任感和企业使命感，还要具备踏实稳重的性情。任正非认为，企业管理者不仅要学会做事，不被员工看成是外行人或眼高手低，还要学会做人，这里的关键是务实。假如一个人很能干，却一味地投机取巧，缺乏务实的精神，那么也将难以在华为得到提拔和重用。

所以，任正非要求干部虽然不用事必躬亲，但一定要能够亲自动手去做某件具体的事情，从而不脱离实践。一些找不到具体事情来做又无法管理下属的干部，就要面临被精简掉的风险。

在企业管理中，对干部的管理将对员工产生重要的影响。因此，在干部晋升方面，任正非指出，领导干部一定要有干劲，有很强的自我提升能力，同时还要理解与认同企业的核心价值观，善于倾听下属不同的意见，懂得安抚下属的情绪，给员工以积极的帮助。只有这样，干部才能受到公司的器重，更会受到员工的拥护。

企业唯有培养起一批这样的干部，才能更好地将公司战略与员工衔接起来，使公司更了解员工的需求，从而随时获得改进；也能使员工更好地了解公司，消除不必要的误会。正因如此，任正非才非常器重那些有干劲的人，并将这些人视为企业的财富；也只有这样的人，才有资格获得晋升，成为企业的管理者。

另外，企业管理者要敢于担当，能够承受一定的压力，但同时，还要懂得将这种压力与干劲适当地传递到团队中来，激发起整个团队的干劲。对此，任正非说："最成功的管理者是将工作压力适度传递，犹如物理学中的杠杆原理。管理者的工作就是用一定的力量便能撬动所必须撬动的物体，找到力学点，找到下级人员的力学点。这样，管理者才能带领其团队圆满地完成工作。"

其实，任正非所指出的干部要有干劲以及管理艺术，对很多企业均有着现实性的指导意义。这是因为，在不少企业里，一些干部安于“不求有功，但求无过”，干劲明显不足，这使得企业缺乏活力，甚至影响了企业的发展。

所以，干部要有干劲、有闯劲，千万不要让自己闲着，更不能让自己虚度年华；要敢于做，而不要因为畏首畏尾而不敢做。再好的想法，没有去做，也成不了现实。而企业发展正是由于我们不断地做事、做实，因此才获得了发展。所以，干部要时时想着做事，这是干事、有干劲的一个直接体现。假如有一天，对于干部来说，如果没有做事，就觉得很不自然，这就说明有干劲正在成为一种习惯。

实际上，华为自创立以来，长期保持高速增长，一个重要原因，便是任正非倡导的一个原则，即“没有干劲的人不能进入高层”，从而确保了华为从上到下的十足干劲，确保了华为团队的纯粹性。正因为这样，华为人才能把外资企业认为无法开拓的市场，成功地开拓出来。无论是在偏远的山村，还是在高山雪原以及热带雨林，乃至战乱频仍的地区，华为人都从未叫苦叫累过。只要客户有需要，华为人就会不辞辛苦地“奔赴前线”。

华为人能够做到这一点，成为外资企业眼中“值得尊敬的顽强团队”，与任正非在干部队伍建设中长期坚持“有干劲的人才有资格进入高层”有着必然联系。在这方面，任正非的干部选拔理念值得我们很多企业学习和借鉴。

微语录

如果说企业是一列火车，那么企业的管理者便是火车头。要是火车头没干劲，整辆车的速度又怎能快起来？所以，管理者务必要有进取精神。

让最有责任心的人担任最重要的职务

我们让最有责任心的人担任最重要的职务。到底是实行对人负责制，还是对事负责制，这是管理的两个原则。我们公司确立的是对事负责的流程责任制。我们把权力下放给最明白、最有责任心的人，让他们对流程进行例行管理。高层实行委员会制，把例外管理的权力下放给委员会，并不断地把例外管理转变为例行管理。流程中设立若干监控点，由上级部门不断地执行监察控制。

……我们的干部轮换有两种。一是业务轮换，如研发人员去搞中试[①]、生产、服务，使他真正理解什么叫作商品，那么他才能成为高层资深技术人员。如果没有相关经验，他就不能叫资深。因此，资深两字就控制了他，使他要朝这个方向努力。另一种是岗位轮换，让高中级干部的职务发生变动，一是有利于公司管理技巧的传播，形成均衡发展，二是有利于优秀干部快速成长。

——摘自任正非的《华为的红旗到底能打多久》

在选拔干部的问题上，任正非一向强调，要选拔的干部务必富有责任

① 中试，指产品正式投产前的试验，是产品在大规模量产前的较小规模试验。

心。可以说，干部级别越高，对其责任心的要求就越高。只有具备了这种对企业发展的强烈责任心，干部才会严于律己，从而为员工做好表率，带好队伍。为此，在2013年1月14日，华为在深圳坂田基地再度召开“董事会自律宣言”宣誓大会。这次会议由轮值CEO郭平主持，包括任正非、孙亚芳、徐直军在内的全体董事会成员，面对来自全球的几百名中高级管理者，一起举起右手，庄严地宣誓。以下为“董事会自律宣言”全文：

我们热爱华为正如热爱自己的生命。为了华为的可持续发展，为了公司的长治久安，我们要警示历史上种种内朽自毁的悲剧，决不重蹈覆辙。在此，我们郑重宣誓承诺：

1. 正人先正己、以身作则、严于律己，做全体员工的楷模。高级干部的合法收入只能来自华为公司的分红及薪酬，不以下述方式获得其他任何收入：

绝对不利用公司赋予我们的职权去影响和干扰公司各项业务，从中谋取私利，包括但不限于各种采购、销售、合作、外包等，不以任何形式损害公司利益；

不在外开设公司、参股、兼职，亲属开设和参股的公司不与华为进行任何形式的关联交易；不贪污，不受贿；

高级干部可以帮助自己愿意帮助的人，但只能用自己口袋中的钱，不能用手中的权，公私要分明。

2. 高级干部要正直无私，用人要五湖四海，不拉帮结派。不在自己管辖范围内形成不良作风。

3. 不窃取、不泄露公司商业机密，不侵犯其他公司的商业机密。

4. 决不接触中国的任何国家机密以及任何其他国家的任何国家机密。

5. 不私费公报。

6. 高级干部要有自我约束能力，通过自查、自纠、自我批判，每日三省吾身，以此建立干部队伍的自洁机制。

我们是公司的领导核心，是牵引公司前进的发动机。我们要众志成城，万众一心，把所有的力量都聚焦在公司的业务发展上。我们必须廉洁正气、奋发图强、励精图治，带领公司冲过未来征程上的暗礁险滩。我们绝不允许“上梁不正下梁歪”，绝不允许“堡垒从内部攻破”。我们将坚决履行以上承诺，并接受公司监事会和全体员工的监督。

为了进一步杜绝干部腐化，华为每年都聘请德勤①对公司进行财务审计，并且专门设立了纪律检查部门，加强对中高层管理者在日常工作中的监督审查，干部离职前也要接受严格的财务审计，确认没有问题时，才能批准离职。

这种严格的财务审计，对所有中高层干部均一视同仁，即使任正非本人也不例外。有一次，任正非在出差期间，在下榻酒店干洗衣服的费用，按照华为的财务制度规定，应由个人来支付，结果任正非不小心进行了公款报销。在报销审计环节，这笔费用被检查出来，并责令任正非纠正这笔不当报销费用以及在规定时间内补齐应交费用。

一个堂堂的企业创始人、总裁，对于自己所倡导的财务审计，首先从自身做起，不能不让我们佩服。华为能够快速发展，成为世界通信行业的领航者，任正非在其中所起的作用，无疑是巨大的。这是因为，在很多企业的管理改进中，最大的阻力往往不是来自员工，而是来自企业高层的“例外”，从而形成了“上梁不正下梁歪”的管理恶疾，最终影响了企业的健康发展。

此外，在华为内部还规定，一旦发现高层干部或其亲属与公司有关联交易，一经查实，立即免职，永不录用。这些措施均是对干部责任心的进一步夯实。华为的这一系列做法，或许一时难以让人理解。如果高层管理者的责任心稍微弱一些，或者稍微腐化一些，究竟会对企业产生怎样的影响？

① 德勤，英文名为Deloitte，1868年成立于美国纽约，是世界四大会计事务所之一。

在这方面，我们不妨看一下华为的一位竞争对手——朗讯的情况。2004年，曾作为全球领先的通信网络设备供应商的朗讯被曝出内部一些高层腐败，这不仅使朗讯公司缴纳了巨额罚款，还严重影响了企业的声誉，使朗讯在发展中遭到重创，成为导致其衰落的一个重要原因。

所以，从古今中外很多的案例中，任正非看到了干部责任心的重要性，以及采取有效措施强化干部责任心的必要性。所以，早在2005年12月，华为召开EMT民主生活会，在会议上联合通过了《EMT自律宣言》；2007年9月29日，华为举行了首次《EMT自律宣言》宣誓大会，强化高层领导的责任心意识，加强自律。从那以后，华为每年都会举行一次宣誓大会，通过这种方式层层覆盖干部，干部的责任心落实为接受员工监督。

俗话说："堡垒最容易从内部攻破。"尤其是身为干部的人，一旦丧失责任心、变得腐化，后果更是不堪设想。所以，任正非在强化责任心方面，倡导"标本兼治""一视同仁""制度化防腐"，确保了华为干部队伍的纯洁性，从而使得华为事业拥有了进步的保障。

微语录

企业要选拔那些有责任心的人进入干部队伍。对于进入干部队伍的人，还要持续强化其责任心意识，建立有效的防腐机制。

管理者要培养能超越自己的接班人

各级干部都必须努力培养超越自己的接班人，这是我们事业源源不断发展的动力。没有前人为后人铺路，就没有人才辈出。只有人才辈出，继往开来，才会有事业的兴旺发达。

任何人都必须开放自己，融入华为的文化生活中去。为了企业的生存与发展，要有能上能下的心胸。只有能屈能伸的人，才会有大出息。

——摘自任正非的《不做昙花一现的英雄》

《三国演义》中，诸葛亮病逝于五丈原后，蜀国一时出现人才短缺的窘况。对此，当时一句“蜀中无大将，廖化[①]做先锋”的谚语可谓一语中的。当然，廖化未必是无能之辈，但诸葛亮去世后，蜀国出现人才断层、青黄不接的状况却是事实。所以，蜀国在与魏国的长期角逐中，从一度让魏国“畏蜀如虎”的强悍，转而一步步地衰落，最后被魏国消灭。由此可见，领导者重视培养接班人，尤其是培养能够超越自己的接班人，对企业的长远发展有着重要意义。

① 廖化（生年不详，卒于264年），三国时蜀汉将领，曾为关羽（生年不详，卒于220年）主簿，关羽败亡后归入孙吴，用诈死之计回归蜀汉；曾多次参与蜀汉的北伐，是蜀汉后期的重要将领。

任正非是一个喜欢阅读历史并且从历史中梳理智慧的人。华为要长盛不衰，就离不开对接班人的选拔和培养。那么，任正非是如何培养接班人的呢？对此，华为董事长孙亚芳说："也正是他（任正非）的甩手掌柜风格，培育了接班人成长的土壤。（僵硬的土地上是长不出苗的）"可见，任正非在培养接班人方面，采取的是"充分授权"的方式，这样，便给了接班人更多的实践机会，并使之在实践中获得成长。

2012年初，任正非在华为内部撰写了一篇叫作《一江春水向东流》的文章，在经过公司管理团队集体阅读后，最终定稿。对于这篇文章，华为董事长孙亚芳这样说：

"《一江春水向东流》首先经过了几次董事会的讨论，又在一级管理团队征求意见，继而二级管理团队、三级管理团队分别征集修改的反馈，历时几个月，数千人反复地酝酿，终于集体定稿。当在董事会上讨论，读完《一江春水向东流》的初稿时，我感到文章既真实又真诚，道理非常简单，似乎没有能改的地方，勉强改了三个字。我们董事会成员的人坐在一起多次讨论、修改，最终还是放弃改的念头，转而把心思放到好好悟透它上面。

"看这篇文章就像回放电影一样，华为成长经历中的关键镜头，一幕幕真实地再现。在回放中，任总道出自己的心路历程，总结了自己是怎样带领公司走到今天的，也幽默、诚恳地告诫接班团队，怎么做一个'无为'的带头人，怎么能'团结众人'实现企业目标。当然这些话也是对各级继任者说的，也是向青年人说的，谁说二三十年后，他们不是将领，不是专家呢？任总在用朴实的语言从哲学层面谈华为的生存和对接班人们的期待。

"文章中说到的事，大多是我们亲身经历过的。华为成立之初，公司没有职业化管理体系，没有正式的办公决策会议制度，任总大多时间是见客户、听汇报。那时候开办公会议，是听各路'游击队长'说，任总参与讨论，更多讨论的是如何响应客户需求。他的充分授权，给下属成长的空间，他身体力行以客户为中心，以奋斗者为本，不断自我改进，团结众人，这也成为下属学习实践的方向。”

应该说，任正非的这种“充分授权”，在某种程度上，对接班人起到了一种“试金石”的作用。通过授权，接班人的品德与才能就会在实践中突显以及增强。在这种授权中，任正非密切关注的主要是四个方面。

第一，绩效。这是选拔干部与接班人方面的必要条件和分水岭。如果接班人做不出绩效，或者绩效不理想，就无法通过“以结果为导向”的考核原则，也就进入不了干部选拔的通道，更不必说进入接班人的行列。由于接班人是要带领团队继续创造业绩的，因此在将大的平台交给接班人前，接班人首先要能够在小的平台上做出绩效。当然，这个“绩效”更多的是看带领众人完成的集体绩效。

第二，能力。对于高层来说，更强调决断力，如果业务方向错了，则必然影响公司的绩效；对于中层干部来说，更强调理解力，这涉及战略的进一步落实和执行；对于基层来说，要强调执行力，如果基层在执行上出了问题，则所有战略都是空中楼阁。

第三，核心价值观。华为的干部，尤其是接班人，务必要传承与践行公司的价值观，这涉及公司能否基业长青，并且是选拔干部的一个必要条件。

第四，品德是底线。这里所说的“品德”，更多侧重于对商业行为准则的遵守上，比如，不贪污，不腐败，不违反公司的商业行为底线。

在确立了上述四个选拔干部与接班人方面的标准后，任正非在接班人体制上又进行了一系列有益的探索，包括集体领导、轮值CEO等措施，从而更好地处理接班人问题，确保企业的持续稳健发展。

微语录

管理者要有宽阔的心胸，不要担心接班人超越自己；只有接班人更优秀，企业才可能发扬光大。

虚位领袖和轮值CEO

轮值CEO个人不会在干部问题上有大的权力，因为都得集体协商，下面的干部才会感到安全，大家都不走……有的公司为什么会垮掉？他们总是把希望寄托在一个人身上，万一这个人飞机失事了呢？万一这个人生病了呢？风险反而很大。

——摘自任正非于2013年5月9日在新西兰惠灵顿举行首次媒体见面会上的讲话

身为华为CEO的任正非称自己在华为的实际职能是“虚位领袖”，华为日常的业务管理和战略规划都由轮值CEO负责，而作为“虚位领袖”的他在公司重大决策时拥有“一票否决权”。

任正非认为，轮值CEO制度有助于降低企业优秀人才流失的风险，而聚集优秀的人才则是华为的制胜之道。在任正非看来，西方公司职业经理人制度最大的弊病在于：每次董事会对于CEO的更换，几乎都会引发一批公司骨干员工的离职；新CEO又会带来新的人才团队，但如果新CEO干不好，则同样会有一批优秀骨干跟着离开。在这种情况下，公司成败几乎系于一人，也可以说是“一朝天子一朝臣”。这便使得公司在发展中面临一系列的不确定性。

相对来说，任正非创立的华为轮值CEO制度，几名轮值CEO每半年轮换一次，在某种程度上是一种对公司权力的制衡。正如任正非所说："轮值CEO个人不会在干部问题上有大的权力，因为都得集体协商，下面的干部才会感到安全，大家都不会走……有的公司为什么会垮掉？他们总是把希望寄托在一个人身上，万一这个人飞机失事了呢？万一这个人生病了呢？风险反而很大。"

作为"虚位领袖"，任正非有权对轮值CEO的重大战略决策进行"一票否决"，但实际上，任正非强调自己的否决权不会轻易使用，这主要区分为两种情况：一是在日常经营管理中不会使用否决权，二是否决权只在增资扩股、董事会成员改变和业务战略上产生分歧的情况下才会使用。

华为的轮值CEO制度正式确立，是在2011年底，任正非在华为内部发表了一篇题名为《一江春水向东流》的文章，其中明确表示，华为将从"轮值COO[①]制度"过渡到"轮值CEO制度"。

在《一江春水向东流》中，68岁的任正非说："死亡是会到来的，这是历史规律，我们的责任是不断延长我们的生命。"对于华为来说，"延长生命"的最好办法，就是将任正非目前在华为的"角色"继续完整地传承下去，即选好接班人。

在任正非看来，华为在2011年底即将实施的"轮值CEO制度"，只是此前已经实施了8年的"轮值COO制度"的延续和升级。由此可见，轮值CEO制度有一个发展和检验的过程。

早在2004年，根据人力资源管理机构——美世咨询公司[②]的建议，华为重新设计了高层决策机制，成立了EMT，由于任正非不愿出任EMT主席（相当于COO），因此华为便开始实施EMT主席轮值制度。"由8位领导轮流执政，

① COO，全称为Chief Operating Officer，可译为"首席运营官"。

② 美世咨询公司，英文名称为Mercer，成立于1937年，总部位于美国纽约，世界著名的人力资源管理咨询机构。

每人半年，经过两个循环，演变到今年的轮值CEO制度。”任正非说，“也许是这种无意中的轮值制度，平衡了公司各方面的矛盾，使公司得以均衡成长。”

尽管美世公司最初要求只有EMT成员才能参与EMT会议，但EMT制度实行两年后，任正非就打破了这个规则，开始让相关的主管也列席会议。任正非此举的一个重要目的，就是培养接班人群体，让更多人参与公司重大问题的讨论，重点不在于结论，而是在讨论过程中，大家可以充分参与，相互学习，达成共识。

在实施EMT主席轮值的8年里，华为培养了大批主管级以上的管理者，这批列席EMT会议的主管级管理者的战略理解、战略落地与推行能力，均得到了提升和锻炼。

对于实行轮值CEO制度的优势，任正非表示："这比将公司的成功系于一人，败也是这一人的制度要好。每个轮值CEO在轮值期间奋力地拉车，牵引公司前进。他走偏了，下一轮的轮值CEO会及时去纠正航向，使大船能早一些拨正船头。"

当然，轮值CEO制度是以任正非为首的华为人长期探索的结果，究竟是否要比国外的CEO制度更适合企业，对此，任正非说：

“传统的股东资本主义，董事会是资本力量的代表，它的目的是使资本持续有效地增值。法律赋予资本的责任与权利，以及资本结构的长期稳定性，使他们在公司治理中决策偏向保守。在董事会领导下的CEO负责制，是普适的。CEO是一群流动的职业经理人，知识渊博，视野开阔，心胸宽广，熟悉当代技术与业务的变化。选拔其中某个优秀者长期执掌公司的经营，这对拥有资源以及特许权的企业，也许是实用的。

“过去的传统是授权于一个人，因此公司命运就系在这一个人身上。成也萧何，败也萧何。非常多的历史证明了这是有更大风险的。传统的CEO为了不辜负股东的期望，日理万机地为季度、年度经营结果负责，连一个小的缝隙时间都没有。他用什么时间学习充电？用什么时间来研究未来？陷在事务之中，怎么能成功？华为的轮值CEO是由一个小团队组成的，由于'和而不同'，因此能操纵企业不断地快速适应环境的变化；他们的决策是集体做出的，也避免了个人过分偏执带来的公司僵化；同时，可以规避意外风险带来的公司运作的不确定性。

"他们轮值6个月之后卸任，并非离开核心层，他们仍在决策的核心层，不仅对业务的决策，而且对干部、专家的使用都有很大的力量与权威。轮值CEO是一种职责和权力的组织安排，并非是一种使命和责任的轮值。轮值CEO成员在不担任CEO期间，并没有卸掉肩上的使命和责任，而是参与集体决策，并为下一次轮值做好充电准备。

"轮值期结束后并不退出核心层，就可避免一朝天子一朝臣，使优秀员工能在不同的轮值CEO领导下，持续在岗工作。一部分优秀员工使用不当的情况不会发生，因为干部都是轮值期间共同决策使用的，他们不会被随意更换，使公司可以持续稳定发展。同时，受制于资本力量的管制，董事会的约束，公司又不至于盲目发展。这也许是成功之路。不成功则为后人探了路，我们也无愧无悔。"

微语录

企业究竟应该采用何种管理制度，要根据自身情况，通过充分的实践来做出抉择。

铁军是打出来的，兵是爱出来的

古往今来，凡能打仗的部队，无一例外，都是长官爱惜士兵，不然就不会有“士为知己者死”……我们的企业文化，绝不是让各级干部又凶又恶，我们也不支持把这些人选拔进各级管理团队。

文化是给大家提供了一个精髓，提供了一个合作的向心力，提供了一种人际相处的价值观，这种价值观需要人们心悦诚服……我们各级干部去组织员工实践任务时，要以身作则，正人先正己。要关爱员工，关心他的能力成长，工作协调的困难，同时，也可以适当地关怀他的生活。你都对别人不好，别人凭什么为你卖力？当然，员工也要理解公司的难处。

——摘自任正非于2008年7月在市场部年终大会上的讲话

在企业管理中，管理者一项极其重要的修养，就是宽容待人。假如管理者总是训斥员工，不能体谅员工，那么这名管理者就难以获得成功，甚至说还不够成熟。对此，任正非认为，企业管理者唯有宽容，才能够把员工团结在管理者的周围。

华为的管理制度是很严格的，包括长期实行末位淘汰制。随着华为在管理上的流程化改革，华为在管理上日臻合理。任正非说：“禁欲主义不行，拜金主义也不行，人必须在非常宽松的环境中发展。”

1999年，华为在发展上进入稳步提升期，开始进一步注重优化内部管理，倡导干部在员工管理方面，要更加用心、细心，更加科学。具体来说，任正非希望管理者在日常管理中多些人文色彩，即使员工犯了错误，也要耐心处理，切忌浮躁。

在当今市场竞争日趋激烈的情况下，企业内部首先要抱成一个团，上下同心同德、齐心协力，唯有如此，才能增强团队凝聚力，从而在竞争中获胜。实际上，李嘉诚在创业初期，也曾遭遇过经营不善，出现过危机，为了降低成本，李嘉诚不得不大幅度裁员。虽然对于陷入经营危机的企业来说，裁员仿佛是一件很正常的事情，但李嘉诚却感到非常愧疚，因为那些被裁掉的员工离开企业，意味着失去了生活来源，这让李嘉诚长期放心不下。

于是，李嘉诚向被辞退的员工及其家属表示歉意，并表示一旦企业危机过后，一定会让大家回来继续工作。后来，在企业效益改善后，李嘉诚诚挚地邀请以前被辞退的员工再回来工作，而这些返回的员工，则以更加努力的态度投入工作，来回报李嘉诚。所以，李嘉诚叱咤商界几十年，经久不衰，是与他的为人之道息息相关的。

同样，任正非对员工的关爱是全方位的，是高度富有责任心的，包括从物质上改善员工的生活、从精神上提升员工的境界等，任正非都做了积极的努力。所以，尽管任正非曾一再提倡“狼文化”，但这更多的是提倡一种艰苦奋斗的精神和果敢的执行力。在对待员工的感情上，任正非从来都是满怀深情的。

比如，1997年，下属告知任正非，有位员工在旅游途中不幸出车祸去世。任正非听到之后，不胜悲痛，顿时泪如雨下。这位员工是华为市场部的一位秘书，是华为一名普通的员工，但是，华为的感召力，使得每一个华为人只要遭遇不幸，都会牵动任正非的心。为此，任正非为这位逝去的名叫杨琳的员工写了一篇文章——《悼念杨琳》。在文章中，任正非这样深情地写道：

“杨琳什么时候来公司的，已记不清了，我本人几年来也没有与她说过几句话、谈过一次心……我悔不该前几年不能挤十分钟与她多说几句话，也算送一送她。这些年来，我几乎卖给了市场部，不停地出访、接待客户，竟然很少有时间与员工谈心，这会成为我将来的一大悔恨……我们永远不要忘记她。她，是华为的功臣，是一位真正的英雄。

“华为的光辉是由数千微小的萤火虫点燃的。萤火虫拼命发光的时候，并不考虑别人是否看清了他的脸，光是否是他发出的。没有人的时候，他们仍在发光，保持了华为的光辉与品牌，默默无闻，毫不计较。他们在消耗自己的青春、健康和生命。华为是由无数无名英雄组成的，而且无数的无名英雄还要继续涌入，他们已在创造历史，创造华为的光辉历史，我们永远不要忘记他们。当我们的产品覆盖全球时，我们要来纪念这些为华为的发展贡献了青春与热血的萤火虫。”

任正非以身作则，对员工充满了感情与厚爱。在任正非的带领下，华为各级干部用心对待下属，而这也成为干部任职是否合格的一个重要标准。正因如此，华为人组成的一个华为大家庭，才有那么强的凝聚力，并在世界大舞台上结伴前进。

微语录

企业管理者的一项重要工作，是增强员工的凝聚力；要做到这一点，离不开管理者的宽容与对员工的慈爱。

第四章

危机管理：危机感延续了华为的生命

•任正非说•

我们生存于一个丛林世界，每一天，每一时，每一刻，实际上都在被危险所包围着。
如果你不始终保持对危险的警觉，变得麻木、麻痹，危险可能就会悄无声息地，
由一个黑点变成黑影，由一个黑影变成巨大的威胁，笼罩在你的头上。
所以，战胜恐惧、战胜不安全感的过程，其实就是企业走向成功的过程。

今年我们要广泛展开对危机的讨论，讨论华为有什么危机，
你的部门有什么危机，你的科室有什么危机，你的流程有什么危机……
还能改进吗，还能提高人均效益吗。如果讨论清楚了，
那我们可能就不死，就延续了我们的生命。

外界都说华为公司是危机管理，其实这是做“假设”，不是（简单的）危机意识；
（单是）诚惶诚恐不可能成功。思想家的作用就是假设，只有有了正确的假设，
才会有正确的思想；只有有了正确的思想，才会有正确的方向；只有有了正确的方向，
才会有正确的理论；只有有了正确的理论，才有正确的战略……
我是假设一些危机来对比华为，而不是制造一种恐慌危机。

华为的冬天

现在是春天吧，但冬天已经不远了，我们在春天与夏天要念着冬天的问题。IT业的冬天对别的公司来说不一定是冬天，而对华为可能是冬天。华为的冬天可能来得，更冷一些。我们还太嫩，我们公司经过十年的顺利发展，没有经历过挫折，不经过挫折，就不知道如何走向正确道路。磨难是一笔财富，而我们没有经过磨难，这是我们最大的弱点。我们完全没有适应不发展的心理准备与技能准备。

危机的到来是不知不觉的，我认为所有的员工都不能站在自己的角度与立场想问题。如果你们没有宽广的胸怀，就不可能正确地对待变革；如果你们不能正确地对待变革，抵制变革，公司就会死亡。

——摘自任正非的《华为的冬天》

在带领华为发展的过程中，任正非经常强调“危机即将来临”，这种危机意识强调了29年。结果，华为在这种危机意识中不仅没有被吓倒，反而一路迅猛增长，竞争力越来越强，并崛起为世界上最大的通信设备供应商。即便这样，在任正非看来，华为并不是从此“高枕无忧”与“四季如春”，而是仍要枕戈待旦地为冬天做好准备。

任正非说：“冬天也是可爱的，并不是可恨的。我们如果不经过一个冬天，我们的队伍一直飘飘然是非常危险的，华为千万不能骄傲。所以，冬天并不可怕。我们是能够度得过去的。”

实际上，在华为的发展史中，任正非曾经多次警告华为人“冬天要来了”。第一次警告，是在华为2000财年[①]销售额达152亿元人民币，利润以29亿元人民币位居全国电子行业百强首位的时候，任正非却说：“10年来我天天思考的都是失败，对成功视而不见，也没有什么荣誉感、自豪感，而是危机感。”任正非认为，或许是这种危机意识让华为存活了10年。为了让警钟在华为长鸣，任正非还写了一篇文章——《华为的冬天》。

在《华为的冬天》里，任正非开篇就说：“公司所有员工是否考虑过，如果有一天，公司销售额下滑、利润下滑甚至会破产，我们怎么办？”其实，任正非的预先警示，并非没有依据。就在2000年，美国互联网发生泡沫危机和欧洲3G建设泡沫的那一年，由于通信设备处于网络运营商的上游，因此，下游的运营商出了问题，必然会影响上游企业。正因为这样，任正非才高瞻远瞩地提醒华为人要注意“未来的冬天”。

任正非的这种危机意识，引来很多企业的尊重与学习。当时，联想集团的“少帅”杨元庆就把任正非的这篇文章发给所有中层干部，要求干部们认真学习，在工作中时时检讨自己、提升自己。

第二次警告，则是在2004年第三季度的内部讲话中，任正非强调，华为要注意冬天的到来。在讲话中，任正非检讨、审视了华为当前遇到的严峻困难，称这场生死存亡的斗争本质上是质量、服务和成本的竞争。但与第一次的警告相比，任正非对冬天的预告的影响力有所减弱，主要是因为任正非在这个时期更加细致地探讨华为的内部管理问题。

第三次则是在2008年，当华为人在危机意识的洗礼下度过8年后，任正非再次提及“冬天”。他说，要“对经济全球化以及市场竞争的艰难性、残酷性做好

---

① 财年，英文名称为Fiscal Year，是指财经年度。比如，我国政府部门一个财年是从每年的1月1日到12月31日；企业财年则往往根据其自身经营特点来定。

充分的心理准备”，并提醒员工“经济形势可能出现下滑，希望高级干部要有充分的心理准备。也许2009年、2010年还会更加困难”。

其实，在任正非这次警示冬天要到来的时候，我国电信市场总体来说，发展形势不错，3G牌照马上就要下发，通信运营商正筹措千亿元的规模进行投资，人们普遍认为，通信设备商的春天要来了。然而这时，作为我国最大的通信设备商华为，却要求像对待冬天一样来对待这个春天，不能有丝毫懈怠。在任正非看来，繁荣背后隐藏着危机，无论什么时候，都不能粗心大意。

对此，任正非在总结华为的发展时说：“我们仅是比其他公司对竞争的残酷性早了一点点认识，才幸免于难。”其实，在2011年的时候，原先的9家全球主流通信设备商（爱立信、诺基亚、西门子、阿尔卡特、朗讯、北电、摩托罗拉、华为、中兴）变成了5家，其中，诺基亚与西门子合并、阿尔卡特与朗讯合并，摩托罗拉卖掉了网络部门，北电则干脆直接破产倒闭。当看到企业“死亡”的背影时，我们会意识到，任正非警告的“冬天就要来临”，是值得每一个企业深思的。

所以，从任正非倡导的危机意识中，我们再一次发现，一个企业的生存与发展，根本原因还是在于内部，尤其是能否保持持续的危机意识，以及植根于危机意识的创新精神和良好的内部机制，从而长期保持自身的内在活力。在这方面，冬天预警和危机意识，已经成为华为的基因，并为华为的发展提供了生生不息的长期牵引力。

微语录

一个有生命力的企业，必然是饱含危机意识的企业；一个衰落的企业，必然与其抛离危机意识有关。

居安思危，不是危言耸听

有一篇文章叫《不眠的硅谷》，讲述了美国高科技企业集中地——硅谷的艰苦奋斗情形。无数硅谷人与时间赛跑，度过了许多不眠之夜，成就了硅谷的繁荣，也引领了整个电子产业的节奏。华为也是无数的优秀儿女贡献了青春和热血，才形成今天的基础。

……繁荣的背后，都充满危机，这个危机不是繁荣本身必然的特性，而是处在繁荣包围中的人的意识。艰苦奋斗必然带来繁荣，繁荣后不再艰苦奋斗，必然丢失繁荣。

“千古兴亡多少事？悠悠。不尽长江滚滚流。”历史是一面镜子，它给了我们多么深刻的启示。我们还必须长期坚持艰苦奋斗，否则就会走向消亡。当然，奋斗更重要的是思想上的艰苦奋斗，时刻保持危机感，面对成绩保持清醒头脑，不骄不躁。

艰苦奋斗是华为文化的魂，是华为文化的主旋律，我们任何时候都不能因为外界的误解或质疑动摇我们的奋斗文化，我们任何时候都不能因为华为的发展壮大而丢掉了我们的根本——艰苦奋斗。

——摘自任正非的《天道酬勤》

据华为官方数据显示，2005年，华为实现合同销售额82亿美元；2006

年，华为实现合同销售额110亿美元，其中65%的销售额来自国际市场。可以说，华为的销售额年年递增，员工队伍也不断扩大，外界普遍认为，这是华为最好的时光。

对此，华为的创始人任正非并不这么认为。在任正非看来，虽然华为取得了不错的市场业绩，但是“电信业正在变穷”，尤其是电信设备的价格在呈快速下降的趋势。其中，从2004年到2005年，由于市场竞争，宽带接入的价格每年下降29%，因此处于下游的电信运营商的日子不再像以前那样好过，这直接影响了上游的电信设备企业。在这种情况下，一些外资电信巨头加速了合并重组，以增强市场竞争力，这使得华为虽然取得了不错的销售业绩，但在“磨刀霍霍”的竞争对手面前，还是要保持危机意识，牢牢坚守艰苦奋斗的精神。正如任正非所说：“自创立那一天起，我们历经千辛万苦，一点一点地争取到订单和农村市场；另一方面我们把收入都拿出来投入到研究开发上。当时我们与世界电信巨头的规模相差200倍之多。通过一点一滴锲而不舍的艰苦努力，我们用了十余年时间，终于在2005年，销售收入首次突破了50亿美元，但与通信巨头的差距仍有好几倍。最近不到一年时间里，业界几次大兼并：爱立信兼并马可尼，阿尔卡特与朗讯合并，诺基亚与西门子合并，一下子使已经缩小的差距又陡然拉大了。我们刚指望获得一些喘息，直一直腰板，拍打拍打身上的泥土，没想到又要开始更加漫长的艰苦跋涉。”

所以，任正非认为，尽管华为取得了一些成绩，但绝不能为此而自鸣得意，否则，就很可能在市场大潮中被吞噬。基于此，任正非长期处于警觉的状态，在带领华为人取得一次又一次辉煌时，保持一颗冷静而清醒的大脑，从而在胜利面前不骄傲、不浮躁。

《左传》说：“居安思危，思则有备，有备无患。”这一古老的训语几千年来始终适用。古往今来，有很多例子，那些拥有危机感、能够做到居安思危的组织和个人，得以长期保持旺盛的生命力；相反，那些危机感不足的组织和个人，则往往命运多舛。比如，北宋末期的宋徽宗[1]，生活上极度奢华，可谓毫无危机感，结果发生“靖康之变[2]”，宋徽宗沦为阶下囚，北宋覆灭，宋徽宗本人被俘后也受尽屈辱。

历史如镜，在时时警醒我们要居安思危，这绝非危言耸听。任正非喜欢阅读中国历史，而且能够从历史中总结出很多有益于企业管理的道理来。因此，任正非认为，企业的冬天，总会在人们不经意间袭来；再者，由于外界环境的不确定性，就注定企业的发展不会是一帆风顺，而是在不同的阶段遭遇不同的考验。对此，管理者只有增强危机意识，才有可能在危机到来时，有更好的应对办法。

微语录

古语说：“天下虽安，忘战必危。”对企业而言，即使在“顺风顺水”时，也要持有一定的危机意识，否则的话，一个不经意的浪花拍来，就可能将企业打个措手不及。

---

① 宋徽宗(1082—1135)，名赵佶（jí），在位时间为1100—1126年，长达26年；在位期间，生活奢侈，精于书画，昏庸于治国理政；后来被金国（1115—1234）俘虏，受尽折磨而死，终年54岁。

② 靖康之变，发生于北宋皇帝宋钦宗靖康年间（1126—1127）；靖康二年（1127），金军攻破北宋都城汴梁（今河南开封），俘虏了宋徽宗、宋钦宗父子，以及大量北宋皇族、后宫妃嫔与贵卿、朝臣等三千余人北返，北宋灭亡，史称“靖康之变”；南宋抗金名将岳飞（1103—1142）曾在《满江红》中提到：“靖康耻，犹未雪；臣子恨，何时灭！”

我们的竞争对手就是我们自己

我们的竞争对手，就是我们自己……在华为公司的前进中，没有什么能阻挡我们，能够阻止我们的，就是内部腐败。最大的竞争者就是我们自己。

——摘自任正非于2014年6月首次接受国内媒体采访时的讲话

在华为的发展过程中，任正非始终认为：企业发展的最大障碍，不是来自外部的压力，而是来自内部的问题；华为面临的最大竞争对手不是别人，而是自己。所以，只要企业积极做好自己应做的事情，增强自身抵抗能力，就能够屹立于市场浪潮中而不倒。

我们不妨回顾一下华为在进军海外市场中曾经遭遇到的一次来自竞争对手的官司。那是2003年1月，元旦刚过不久，华为就遇到了麻烦事。原来，总部位于美国的思科公司对华为公司及华为在美国的分公司提起了诉讼。思科认为，华为侵犯了思科的知识产权，所以将华为告上了法庭。

思科对华为的指控，主要包括四个方面，即盗用IOS源代码、盗用思科的技术软件、盗用命令行接口和侵犯专利权。

一时间，华为处于舆论的风口浪尖，媒体纷纷关注这场跨国官司，并猜测这桩官司的原委。在这种情况下，在媒体面前一向低调的任正非不得不通过华为公司发表声明：华为将坚决、积极地保护自己的合法利益。

这场官司一直打到当年的10月1日，才有了新的进展。华为发布声明说，华为和思科签署了一份协议，中止了目前在美国德克萨斯州地区法院的未决诉讼。最终，这场火药味浓烈的官司在持续近10个月后，以和解的形式得以终结。

从这场官司中，华为进一步认识到了知识产权的重要性，也深刻地认识到不断加强自身建设的重要性。因此，在这场官司后，华为做出了一系列改变，包括华为的研发办公区、实验室都与其他部门完全物理隔离，在整栋办公楼里，就算是研发部门总裁级别的高级管理者也不能用笔记本电脑，所有研发人员一律只准用台式电脑，而且这些台式电脑还一律封机箱，不能使用USB接口，还不能连接到互联网。如果研发人员需要上网，或者有特殊的工作要求，则都需要得到信息安全部的单独批准才可以。

之所以这样做，一个重要的原因是，任正非意识到，华为没有在这场官司中落败，正是基于华为长期以来的艰苦奋斗、自力更生，才使得华为抵挡住了这场国际官司的打击。但是未来，谁又能保证华为不会再遇到类似的危机事件呢？要想应对未来不可知的危机，华为能做的只有不断地强大自己，让自己变得无懈可击。这样才能从根本上增强应对未来风险的能力。

所以，华为在信息进出的端口予以严格监视，源代码则被保管在24小时内有人监控的保险柜里，保险柜外面还层层设置有电子门禁，管理相当严格。这是因为，在IT行业，尤其是软件行业，源代码是最关键的，也是最值钱的，在某种程度上构成了企业核心研发成果的一部分。

为了保护研发成果，华为投入了大量的人力和物力，还陆续制定了多项规章制度，如《员工保密协议》《华为人行为准则》《文档保密管理规定》等。这些规章制度是华为人必须熟读的。员工们还要签署相关保密协议，不得做出伤害公司利益的事情，不能侵犯公司的知识产权。华为甚至还做出相关禁业限制。

总之，在与思科的案子结束后，任正非更加注重在研发过程中的专利使用，还对涉及专利的内部管理体系进行了调整，使得华为的研发过程进一步向国际标准靠拢，变得越来越系统化，安全性也更高。

在加强自身研发管理的过程中，华为还不断完善各项体系，使研发工作更加专业化、系统化。据华为的一份内部资料显示，从1995年成立知识产权部门以来，华为已经累计申请国内专利5 000多件，到2004年6月，获得授权1 127件，累计PCT①申请或者国外专利申请641件，申请国内外商标注册677件。此外，华为公司每年新增的专利申请量长期保持在2 000多件，在同行业中处于领先位置，为此，华为还多次获得国家科技进步奖等许多重量级奖项。这些彰显了华为的研发实力。

华为能取得这么大的进步，与任正非的管理理念有着很大关系。任正非认为，华为需要提高自己的危机管理能力，为此，公司内部首先要做到最好，只有建设好自己，不被自己的疏忽大意打败，才能更加从容地应对危机的到来。

微语录

企业最大的竞争对手不是来自外部，而是自己；只有不断加强自身建设，才能增强企业的抗风险能力。

① PCT，英文名全称为Patent Cooperation Treaty，可译为“专利合作协定”。

每个员工都要有危机意识

作为公司的每一位员工，都要有强烈的责任感和危机意识。

有人说：我是打工的，我拿这份工资，对得起我自己。我认为这也是好员工，但是他不能当组长，不能当干部，不能管三个人以上的事情，因为他的责任心还不够。打工，也要负责任，在生产线出现的一个很小的错误，如果当场解决后，则浪费的财产可能是一块钱；当我们把这个机器装到现场的时候，造成的损失至少是一千块钱。间接损失包括社会影响，包括客户对我们的不信任，这个损失绝不是一千倍可以衡量的。这也损失了你涨工资可能的空间，因为利润已转化为费用，拿什么来提升。

公司总的来说，希望不断地提高员工的收入，使员工的收入能够更好地进行家庭建设。但是钱从哪儿来呢？只有从提高效益中来。要按照公司总的增幅、总的利润的增长和降低成本目标来定出工资总额。所以如果我们的利润不能再增长，我们的收入也就不能再增长。只有大家提高自己的效益，使自己的工作有效性和质量达到一个高标准，企业才有可能把大家的待遇提到一个高标准。因此我认为企业要根据自己的效益来不断提高，去改善员工的生活。

——摘自任正非的《能工巧匠是我们企业的宝贵财富》

在员工管理方面，不少杰出的企业都为员工传递了一种明确的危机意识。比如，微软的创始人比尔·盖茨曾经告诫自己的员工“微软距离破产只有18个月”，向员工传递了一种危机感；任正非在带领华为发展的过程中，则多次提出全体华为人要迎接“华为的冬天”等。

这些一再向员工传递危机意识的企业，不仅没有在危机中倒下，反而在迎接危机的岁月中越战越勇，走得越来越远。其中，微软已发展为全球最大的电脑软件供应商，华为则发展为全球最大的通信设备供应商。

所以，我们不难看出，如果一个企业或一个人具备足够的危机意识，那么，通过自己的不懈努力，反而能够将危机扼杀在萌芽状态；相反，如果没有危机意识，则一旦真正的危机来临，或许企业将回天无力。基于此，培养员工的危机意识非常重要。

在这方面，任正非一直身体力行、做出表率。比如，在2007年时，华为的合同销售额已达到160亿美元，比2006年增加45%。其中，国际市场占其全部销售收入的72%；华为在欧洲、美国、日本市场的增长率超过150%，并在亚太、拉丁美洲、中东以及北非等新兴市场保持着强劲增长，从而使得华为跻身全球GSM①市场三大供货商。

尽管华为取得了如此显著的成绩，但任正非却说：“活下去，仍然是我们唯一的目标。今天IT业日新月异地发展，以及世界巨头快速地进步，我们仍不能有一刻的松懈。我们一天不进步，就可能出局。我们要向‘狮子’学习，学习与借鉴别人的做法，还要想着如何与‘狮子’共渡难关，甚至向‘羚羊’学习如何跑步。无论多大的公司，无论在哪个阶段，管理者都要清醒地认识到生存是唯一的理由。每个管理者，需要不断挑战自己，少一些抱怨，多一些努力，跟公司一起奋斗着、活下去。”

言外之意，在成绩面前，任正非要求公司的各级管理者与全体员工戒骄戒躁，仍要带着一种危机感投入工作。任正非认为，“永恒充满危机感的意

① GSM，全称为Global System for Mobile Communication，可译为“全球移动通信系统”。

识”是华为发展的基石，因此，在员工管理方面，任正非强调：华为只有永恒的危机意识，没有终身成就的老员工。

为此，任正非曾做出过让外界一时难以理解的努力。比如，从2007年10月起到2008年元旦之间，华为公司开始实行一项内部调整，包括任正非在内的所有工作满8年的员工，都要先后办理主动辞职手续（即先“主动辞职”，再竞争上岗），再与公司签订1～3年的劳动合同；废除现行的工号制度，所有工号重新排序；全部辞职员工均可获得公司支付的赔偿。

华为的这次集体辞职，在当时曾经引起过很大的轰动。然而，以任正非为首的华为人如此做的一个重要原因是，在公司持续发展的20年后，有些老员工分得了丰厚的股份，用股份分红收入养老，使得进取精神大为衰退，危机意识淡化。因此，华为人需要一种对过去资历不断“清零”的机制，从而不断激发组织的战斗力。在这次“集体辞职”举措中，华为进一步提高了工资收入和奖金收入，降低了股票分红，从而使分配机制的激励作用回归正常。

另外一项改革的是华为的工号制度。华为之前曾根据员工进入公司的时间和职务，为每位员工编排工号。其中，总裁任正非的工号为001号，而2001年之后入职的普通员工，工号则已在20000号之后。这种工号制度逐渐在华为内部兴起一种论资排辈的风气，影响了华为长期倡导的“奋斗文化”，所以也通过这次“集体辞职”举措予以终结。

对此，正如华为公司的解释：“因为配发股票期权等历史原因，一些进公司较早的员工有了一定的物质积累，但却在一定程度上影响了华为‘狼性’的发挥，任正非希望在打破工号制度后，再次体现天道酬勤的发展思路。”

微语录

企业的生命力在于员工们持续怀有一种“不进则退”的危机意识，正如战国时孟子的一句箴言所说：“生于忧患，死于安乐。”

烧不死的鸟就是凤凰

市场部集体大辞职对构建公司今天和未来的影响是极其深刻和远大的。我认为任何一个民族，任何一个公司或任何一个组织只要没有新陈代谢，生命就会停止。只要有生命的活动，就一定会有矛盾，一定会有斗争，也就一定会有痛苦。

如果说我们顾全每位功臣的历史，那么我们就会葬送我们公司的前途。如果我们公司要有前途，那么我们每个人就必须能够舍弃小我。四年前的行为隔了四年后我们来做一次评价，事实已向我们证明，那一次行为是惊天动地的，否则也就不可能有公司的今天。

毛生江从山东回来，不是给我们带来一只烧鸡，也不是给我们带来一只凤凰，因为虽说烧不死的鸟是凤凰，但凤凰也只是一个个体，凤凰是生物，生物是有时限的。我认为他给我们带来的是一种精神，这种精神是可以永存的。

——摘自任正非于2000年1月的内部讲话《凤凰展翅，再创辉煌》

有一个词汇多次被任正非提起，那就是“沉淀”。在任正非看来，一个组织时间久了，老员工收益不错，地位也稳固了下来，就会渐渐地沉淀下去，成为一团不再运动的“固体”，比如拿着高工资、不干活等。为此，任正非总会每过一段时间，就会让组织“折腾”一下，从而打破这种凝固的状态，使组织保持激活的状态。

早在1996年1月，华为的市场部就集体出现过一次这样的“折腾”运动。当时，以孙亚芳（现任华为董事长）为首、号称为华为打下江山的市场部，主动集体大辞职，重新竞聘上岗。这次集体辞职活动非常彻底，当时市场部的一号人物、公司副总裁孙亚芳，以及市场部二号人物毛生江，都在这次活动中下岗了。

市场部人员在提交辞职报告的同时，还要填写一份述职报告以及下一年度的工作计划。公司按照员工的业绩和拟订的工作计划，对其个人表现、发展潜力和发展需要做出评价，并据此决定批准辞职报告或者述职报告。如果批准的是辞职报告，意味着这名员工就要离开原有岗位，很可能会被降职处理，或者离开公司；如果批准的是述职报告，则意味着员工通过了考核，可以在原岗位重新上岗，或者得到提拔重用。

有一位员工在报告中这样说：“如果公司批准了我的述职报告，我会加倍努力，在1996年的市场大决战中做出我的贡献；如果公司批准我了的辞职报告，我绝不气馁。我会调整心态，加强学习，以积极的态度迎接新的工作、新的挑战。”

还有一位员工说：“华为公司的目标是与国际接轨，如果我跟不上公司发展的步伐，我愿意让新人，让更有水平的人接替我的工作。”

市场部原二号人物毛生江后来总结说：“人生常常有不止一条起跑线，不会有永远的成功，也不会有永远的失败，但自己多年坚持一个准则——既然选择，就要履行责任，不管职责如何变迁，不管岗位如何变化，‘责任’两字的真正含义没变。”

在这场市场部集体大辞职活动中，华为员工尊重了公司的安排，也遵守了自己的诺言，即使一些被降职的人，也并没有抱怨或非议。其实，华为对员工的每一次“洗礼”，并非突然而来，而是有一个酝酿的过程。就这次市场部集体大辞职来说，任正非在1995年12月26日，就在《目前形势与我们的任务》中提到："为了明天，我们必须修正今天。你们的集体辞职，表现了大无畏的、毫无自私自利之心的精神，你们将光照华为的历史！"

可见，华为有过多次"折腾"，而且越"折腾"生命力越强、竞争力越强、市场做得越大，对于外界来说，这仿佛不可思议；但就这些"折腾"活动而言，任正非进行了周密的思考与部署，从而确保这些活动起到预期的效果，那就是不断使组织处于激活状态。

从这一系列"运动"中，任正非总结出一个道理，那就是烧不死的鸟就是凤凰。在每次"运动"中都能坚持下来，而且做得越来越好的人，才是经得起市场考验的真正的英雄。这个道理是任正非直接从毛生江的经历中总结出来的。

毛生江在华为的经历，可以说不乏传奇色彩。他在1992年参加开发部08A型机项目组，后任项目组经理；1993年5月，担任开发部副经理、副总工程师；1993年11月，任生产总部总经理；1995年11月，调任市场部代总裁；1996年5月，毛生江在市场部集体大辞职活动中被免去代总裁职务，被调任终端事业部总经理；1997年1月，任华为通信副总裁；1998年7月，调任山东代表处代表、山东华为总经理；2000年1月18日，任华为公司执行副总裁。

毛生江在华为的职业生涯，可以说有过升迁，也有过降职，但他从未因降职而变得沉沦，反而能够激发出更大的工作热情，从而再度走向更高的职位，在很大程度上体现了任正非倡导"干部要能上能下"的管理理念。

在1998年7月，毛生江调任山东代表处代表后，不仅面临着薪酬和职位的下降，还要放下家庭，孤身出去闯荡。对于大部分人来说，可能都会在这样的压力面前选择放弃，但毛生江却选择了坚持。在面对朋友时，他坦承："说不在乎是不真实的。我想，不会有人心甘情愿去为自己制造磨难……我在乎的是华为的兴旺和发展；在乎的是一代华为人付出的青春、热血和汗水；在乎的是我能够继续为华为做些什么；在乎的是战友们的期望和嘱托。面子、位置，这些虚的东西，我真的不在乎。"

在初到山东时，毛生江的工作环境并不理想，市场压力很大。于是，毛生江对办事处实施改革，同时加大了市场开拓力度。短短一年时间，山东办事处就取得了丰硕的回报，销售额同比增长了50%，回款率接近90%。由于业绩太过突出，因此不到两年时间，毛生江就接到了公司新的任命，于2000年初荣归华为总部，成为华为的执行副总裁。

其实，在华为，像毛生江这样经得起时间考验的华为人还有很多。正是这种能上能下的文化基因，保证了华为人力资源的流动性和员工队伍的活力，促使华为更好、更快地发展。

微语录

企业要避免整个组织陷入一种安逸的环境，而要通过一系列有规划的“折腾”，确保组织的生命力。

华为没有成功，只是在成长

有人将企业比作一条船，松下电工就把自己的企业比作是冰海里的一条船。在松下电工，不论是办公室，还是会议室，或是通道的墙上，我们随处都能看到一幅张贴画，画上是一条即将撞上冰山的巨轮，下面写着“能挽救这条船的，唯有你”。其危机意识可见一斑。在华为公司，我们的冬天意识是否那么强烈？是否传递到基层？是否人人行动起来了？

华为还未处在冬天的位置，在秋末冬初，能认真向别人学习，加快工作效率的整体提高，改良流程的合理性与有效性，裁并不必要的机构，精简富余的员工，加强员工的自我培训和素质提高，居安思危，也许冬天来临之前，我们已做好了棉袄。

华为成长在全球信息产业发展最快的时期，特别是中国从一个落后网改造成为世界级先进网，迅速发展的大潮流中，华为像一片树叶，有幸掉到了这个潮流的大船上，是躺在大船上随波逐流到今天，本身并没有经历惊涛骇浪、洪水泛滥、大堤崩溃等危机的考验。因此，华为的成功应该是机遇大于其素质与本领。

什么叫成功？是像日本那些企业那样，经九死一生还能好好地活着，这才是真正的成功。华为没有成功，只是在成长。

——摘自任正非的《北国之春》

我们翻看任正非记录的华为29年的成长过程，危机意识几乎贯穿始终。其实，危机意识是领导者积聚能量的一种内心动力，更是一种超前的战略思维，它驱动着整个组织保持对外界刺激的敏感性，保持了一种警惕和临界状态，从而持续激发出华为的活力。

当然，任正非在华为的优势是管道，终端基本不存在优势。这就是一种危机意识的体现，从而让华为明白自己的优劣势，减少了盲动。同时，任正非还指出在华为技术平台的构建中，芯片和终端操作系统是技术创新的焦点。这也是华为在危机感下，一种审时度势的战略选择。

正是因为有了这种危机意识，为了活下去，华为才要努力打造自己的核心竞争力。所以，华为人深刻地认识到，要与国际上超一流的企业共舞，没有核心技术不行，否则就会受制于人，所以要做芯片；没有广泛的客户支持也不行，有市场才是硬道理，所以要做终端。比如，任正非曾经认识到在通信终端方面的不足，因而这种危机意识使得华为加大了在终端产品方面的投入。如今，华为的终端智能手机销量在全球位列第三名，仅次于三星和苹果手机。

可以说，以任正非为首的华为人的危机意识，为华为的发展与进步指明了方向。在华为所处的不同发展阶段，任正非的危机意识则呈现出不同的层次。在华为刚创立的时候，任正非的危机意识更多地集中在“如何才能活下去”，华为的所有经营活动也都围绕这个目标展开，包括聚焦于人才、产品、资金链等问题；在华为逐渐做大后，任正非则反复倡导要打造开放、包容、公共的平台，不开放就要落后。

2008年，华为公司的综合实力（包括规模、效益、创新等）在我国电子信息百强企业中排名第一。然而，任正非并不认为华为已经取得了成功，而是看到了华为不仅要在国内市场牢牢捍卫市场地位，还需要加大在海外市场的开拓力度。此后至今，华为连续稳居我国电子信息百强企业首位，而且在2014年初，华为成为全球最大的电信设备商。对此，任正非已然充满忧患意识，他说："华为公司若不想消亡，就一定要有世界领先的概念。我们只有瞄准业界最佳才有生存的余地。"也就是说，华为在发展过程中所取得的一系列成就，并不代表着一劳永逸的成功，华为仍在持续的成长中。

总之，企业的管理者决不能沉迷于眼前的成就而不能自拔，要看到企业的发展任重而道远。在一个合格的、优秀的企业管理者眼中，要永远没有成功，只有成长。

微语录

作为企业管理者，在成就面前切忌飘飘然，而要时刻保持清醒状态，持续追求企业的发展。

第五章

市场管理：
为客户服务是华为存在的唯一理由

·任正非说·

为客户服务是华为存在的唯一理由。任何时候，不管是提供网络设备给运营商，
还是探索一项新的技术，开发一项新的产品；不管是与客户交流、沟通，
还是优化内部工作流程；华为公司总是不断地回到最根本的问题——客户的需求是什么？
关注客户的需求是华为服务的起点，满足客户的需求是华为服务的目标。对华为来说，
通过服务为客户创造价值，永远是第一位的。

我们需要一大批勇敢的人走向海外市场，但光有勇气是不够的，
我们面对的世界各国的竞争对手是非常有职业化水准的，
我们在战略上可藐视他们，
但在战术上必须重视他们……竞争对手也要手拉手，也要走向合作。

我们把竞争对手称为“友商”，我们的友商是阿尔卡特、西门子、
爱立信和摩托罗拉等……在海外市场的拓展上，我们强调不打价格战，
要与友商共存双赢，不扰乱市场，以免西方公司群起而攻之。
我们要通过自己的努力，通过提供高质量的产品和优质的服务来获取客户认可，
不能由于我们的一点点销售来损害整个行业的利润，我们决不能做市场规则的破坏者。

华为的价值在于虔诚地服务客户

1994年，我们第一次参加北京国际通信展，在华为展台上，“从来就没有救世主，也不靠神仙皇帝，要创造新的生活，全靠我们自己”这句话非常与众不同，但对华为员工来讲，这正是当时的真实写照。

设备刚出来，我们很兴奋，又很犯愁，因为业界知道华为的人很少，了解华为的人更少。当时，有一个情形一直深深地印在老华为人的脑海，经久不褪：在北京寒冬的夜晚，我们的销售人员等候了8个小时，终于等到了客户，但仅仅说了半句话“我是华为的……”，就眼睁睁地看着客户被某个著名公司接走了。望着客户远去的背影，我们的小伙子只能在深夜的寒风中默默地咀嚼着屡试屡败的沮丧和屡败屡战的苦涩：是啊，怎么能怪客户呢？华为本来就没有几个人知晓啊。

由于华为人废寝忘食地工作，始终如一虔诚地对待客户，因此华为的市场开始有起色了，友商看不到华为这种坚持不懈的艰苦和辛劳，产生了一些误会和曲解，不能理解华为怎么会有这样的进步。还是当时一位比较了解实情的官员出来说了句公道话：“华为的市场人员一年内跑了500个县，而这段时间你们在做什么呢？”当时，定格在人们脑海里的华为销售和服务人员的形象是：背着我们的机器，扛着投影仪和行囊，在偏僻的路途上不断地跋涉……

在《愚公移山》中，愚公整天挖山不止，还带着他的儿子、孙子不停地挖下去，终于感动了天帝，天帝命人把挡在愚公家门前的两座山搬走了。在我们心里面一直觉得这个故事也非常形象地描述了华为18年来，尤其是（20世纪）90年代初中期和海外市场拓展最困难时期的情形：是我们始终如一对待客户的虔诚和忘我精神，终于感动了“上帝”，感动了我们的客户！

无论国内还是海外，客户让我们有了今天的一些市场，我们永远不要忘本，这正是我们奋斗文化中的重要组成部分。

——摘自任正非的《天道酬勤》

在华为内部长期流传着这样一句话：“用‘华为对用户的忠心’换取‘用户对华为的忠心’。”这句话的意思是，华为要对客户投入百分之百的优质服务，从而使客户信任华为的服务质量，并持续地选择华为作为合作伙伴。的确，在当今竞争激烈的市场环境中，一家企业要持续地留住客户，尤其是具有战略意义的客户，企业自身除了要有质量过硬的产品、适宜的价格，还要有对客户优质的服务。

这正如任正非所总结的：客户的要求就是质量好、服务好、价格低，而且要快速响应需求，这就是客户朴素的价值观。所以，任正非认为，经营客户是企业一项非常重要的工作。为此，华为在与客户的合作中，对待客户的态度始终友好而热情。客户遇到任何问题，华为都会立刻提供服务和帮助，即便以后合作结束，华为也会和客户保持友好的往来。

很多时候，出于业务合作需要，华为会邀请一些客户来公司参观。在接待客户时，华为很注重客户的感受与接待细节，比如华为会将精美的行程表在第一时间递到要来参观的客户手中，从而使客户对行程有个大致了解，以更好地安排自己的时间；在给客户的讲解与陪同客户用餐的过程中，华为会尽力让客户感到舒适。

当然，华为这样做并不意味着华为在和客户“搞亲近关系”，而是对客户重视的一种具体体现，也是真正懂得客户重要性的一种体现。基于此，华为才会尽心竭力地对待客户，请客户到公司参观，让客户感受华为的实力和综合素质，使客户在与华为的合作中安心。

不仅如此，那些走出去、为客户提供服务的华为人，也均以自己良好的素质赢得了客户的尊重。有一次，华为的工作人员在阿尔及利亚时，恰好遇到了地震，强度为5.8级，余震达到了400多次，几位华为员工的境况非常危险。为了安全起见，华为的一些友商（即竞争对手）纷纷离开了阿尔及利亚，但华为的工作人员却选择留下来，坚持与阿尔及利亚人民同在，一同挺过这次难关。

在搭建的临时帐篷中，华为的工作人员写下了标书：在客户需要帮助的时候，我们第一个赶到客户那里，伸出援手。一个月后，地震后的阿尔及利亚恢复了正常，很多友商赶回来参加投标，但结果已经毫无悬念，华为在竞标中获得了成功。其实，这正是华为对待客户虔诚的服务态度，从而打动了客户，赢得了市场。

因此，诚心诚意地为客户着想，与客户建立长期友好的合作关系，不仅使华为赢得了越来越多的订单，也为华为在市场上的立足奠定了良好的基础，从而不断彰显华为的价值。

微语录

企业要实现自身价值，就要获得市场；要获得市场，就要获得客户，而这又与企业虔诚地服务客户息息相关。

客户再小也不能忽视

普遍客户关系是我们差异化的竞争优势……我们有二百多个地区经营部。有人说撤销了可以降低很多成本，反正他们手里也没合同，我们还要不断地让他们和客户搞好关系。我相信这就是我们与西方公司的差别。我们每层每级都贴近客户，分担客户的忧愁，客户就给了我们一票。这儿一票，那儿一票，加起来就好多票，最后，即使最关键的一票没投也没有多大影响。当然，我们最关键的一票同样也要搞好关系。

这就是我们与小公司的区别，做法是不一样的。小公司就是很势利。我在拉美时，与胡厚昆[①]谈话，胡厚昆讲到了拉美市场拒绝机会主义。有合同，"呼啦啦"就来了；没合同，"呼呼呼"就走了。我认为他们的关系是不巩固的，至少普遍客户关系不巩固。

——摘自任正非的《迎接挑战，苦练内功，迎接春天的到来》

任正非创立华为以来，不轻易接受访问，在媒体面前长期保持低调，很

① 胡厚昆，籍贯湖北省，毕业于华中理工大学（现华中科技大学），1990年加入华为，曾担任华为公司中国市场部总裁、拉美地区部总裁、全球销售部总裁、销售与服务总裁、战略与Marketing总裁、华为公司网络安全委员会主席、美国华为董事长、华为公司人力资源委员会主席等职务；现任华为技术有限公司高级副董事长。

多人想见任正非一面都见不到。曾经有一次，摩根士丹利[①]的首席经济学家斯蒂芬·罗奇[②]率领投资团队访问华为总部，任正非只是派了一位负责研发的常务副总裁接待，他本人则未露面。事后，罗奇失望地说："他拒绝的可是一个3万亿美元的团队。"对此，任正非表示说："这支投资团队又不是客户，我为什么要见他？如果是客户的话，最小的我都会见。我是卖设备的，就要找到买设备的人……"

在任正非看来，一个人、一个企业的精力是有限的，如果在别的事情上花费了太多的时间和精力，必然会在一定程度上减少对客户的时间与精力投入。正因为如此，作为华为的创始人，任正非长期专注于主业，尽可能减少精力分散，并将更多的精力投入与客户的合作上。在与客户合作时，任正非强调建立一种"普遍的客户关系"，只有如此，才能增强企业发展的根基。

早在2000年1月，我国邮政与电信分家后，电信设备采购权由原来的县级调整到市级。在这以前，华为为了争取到更多的电信设备合同，曾在全国二百多个地区设立了经营部。在电信设备采购权变化后，如何安置这些地区经营部，成为华为面临的一大难题。

有人认为既然县级单位已没有采购权，不如撤销一些经营部以节约成本；还有人认为不能"过河拆桥"，应该保留原先所有的地区经营部。对此，任正非认为，华为能在市级主管机构拿到订单，这些地区经营部仍有着不可替代的作用，不能因为权力的转移就放弃这些苦心经营起来的客户关系。所以，任正非决定继续保留这些地区经营部，同各地县级主管单位保持好的关系。后来的事实也证明，华为能够继续获得大批订单，与大量县级单位给市级主管部门提供的意见是分不开的。

---

① 摩根士丹利，英文名称为Morgan Stanley，成立于1935年，总部位于美国纽约，著名的国际金融服务公司。

② 斯蒂芬·罗奇（Stephen Roach），毕业于美国纽约大学，获经济学博士学位，曾担任摩根士丹利亚洲主席兼首席经济学家，是美国华尔街极具影响力的经济学家之一。

所以，对于企业来说，无论是大客户，还是小客户，都应该受到应有的尊重，而彼此建立平等的对话机制则是双方合作的基础。只有这样，企业的客户才会越来越多，也才能在激烈的市场竞争中更好地立足与发展。

微语录

企业要树立“普遍客户关系”的意识，因为企业的发展，某种程度上是客户数量与质量的双重提升。

市场竞争中的“压强原则”

第二十三条 我们坚持“压强原则”，在成功关键因素和选定的战略生长点上，以超过主要竞争对手的强度配置资源，要么不做，要做，就极大地集中人力、物力和财力，实现重点突破。

——摘自《华为公司基本法》

《华为公司基本法》萌芽于1995年，到1996年正式定位为华为公司的“管理大纲”，1998年3月在华为公司内部审议通过，成为指引全体华为人共同奋斗的方向与目标。可以说，《华为公司基本法》浓缩了以任正非为首的华为人十几年创业的经验与教训，也是任正非管理思想的一次大总结。

伴随着华为公司29年的发展，华为从无到有、从小到大、从弱到强，在市场竞争中异军突起，这里面一个重要原因，就是任正非提出的“压强原则”。所谓“压强”，是指在某一个具体的领域或方面，华为通过足够的资源配置，从而达到相对优势，即使不能在全局胜过竞争对手，但在某一个竞争领域，要超过对手，从而实现重点突破，并以点带面，逐渐实现业务的全面推进。

要做到这一点，企业就要处理好取舍的关系。对此，任正非说：“我们是一个能力有限的公司，只能在有限的宽度赶超美国公司。不收窄作用面，压强就不会大，就不可能有所突破。”在此基础上，任正非更进一步地提出，华为要在“针尖大的领域里”领先强大的竞争对手，这种“压强”又与任正非倡导的“聚焦”战略相辅相成。

因此，在市场竞争中，任正非一旦认定某项技术大有可为、有利于推动华为的持续发展，就会采用集中地投入资源、集中地进行开发的“压强战术”。早在1993年，在任正非的坚持下，华为就曾经把创业6年所积累的资金全部投入到C&C08数字程控交换机的研发上。在该款交换机研制成功并取得市场优势后，华为又将积累的资金主要投入到以SDH技术为核心的光网络传输产品上。

此后，根据市场环境的变化，华为又将研发重点从有线通信转到了无线通信：从CT2、ETS等第一代模拟技术起步，逐步向第二代GSM，再到3G技术，均取得重大突破。现在来看，华为的这种“压强”战术取得了很好的效果，其中，在3G专利技术方面，华为拥有的基本专利数量排名全球前5位；在4G专利方面，华为已跻身全球前3位。也就是说，在全球无线通信技术的竞争中，华为已经从曾经2G的跟随者，跃进为3G的竞争者，进而成为4G的领跑者。

其实，任正非的这种“压强”战术体现了军事思想中的“集中优势兵力打歼灭战”策略。运用该策略的一个前提是“敌强我弱”，这种对比，既有整体实力的对比，也有个别领域的对比。华为作为一家民营企业，在市场竞争的初期，从资金、人员、政策扶持等关键资源上来看，均处于劣势。这时，华为只有在企业内部资源的配置上做文章，才能由整体的“弱”变为局部的“强”，在某一个阶段、某一个方面领先对手，占领市场，形成竞争力。久而久之，华为的综合竞争力也随之逐渐提升。

可以说，任正非的这种“压强”思想在华为发展中长期起着重要的作用。早在2002年，华为一个重要的市场竞争对手——港湾网络公司迅速崛起，严重冲击和威胁了华为的市场地位；同时，华为在该年出现了创办以来的首次负增长。任正非后来在2011年回忆时说：“2002年，公司差点崩溃了，IT泡沫的破灭，公司内外矛盾的交集，我却无能为力控制这个公司，有半年时间都是噩梦，梦醒时常常哭。”

当时，港湾公司之所以在市场竞争中如此凌厉，据华为有关人士在2006年收购该公司后透露，港湾公司脱胎于华为，很多技术甚至源代码都来自于华为，因而在研发方面节省了大量成本。港湾公司在进入电信运营市场后，投标价格低，而且有针对性地以华为弱势项目为主攻对象，从而具备了较强的市场竞争力，也使得港湾公司的业绩迅速蹿升，进而对华为的主营业务造成直接威胁。紧接着，在国外，美国思科公司又对华为“知识版权问题”进行诉讼。

2002年，可谓是任正非带领华为发展历程中“内外交困”的最困难时期。

在这种情况下，2004年，华为著名的“打港办”成立。此后，华为屡屡出招，而且招招凌厉，与港湾公司硬碰硬地打消耗战；2005年底，港湾公司设在深圳专攻日本市场的研究中心的5名高级管理者一夜之间全部转投华为。这场无硝烟的市场“大战”中，港湾逐渐处于颓势，最终在2006年，以华为收购港湾而告终。对华为来说，这可谓去除了华为的一个心腹之患。当然，华为也为这场市场“大战”付出了巨大代价，正如任正非后来总结时所说的“惨胜犹败”。

尽管如此，在任正非看来，华为毕竟在这次市场洗礼中活了下来，从而为华为以后的发展奠定了基础。

微语录

优势与劣势是相对而言的，企业懂得集中优势兵力，重点突破，才能逐步在市场竞争中胜出。

扩张的基础要踩实

扩张必须踩在坚实的基础上。

如果没有坚实的基础，擅自扩张，那只能是自杀。大家想一想，如果我们的产品既不可靠，也不优良，仅仅是我们的广告和说明书写得很好，我们一下子撒出去一大批产品，那会是什么结局？如果我们又没有良好的售后服务体系保障，我们面对的将会是一种什么样的局面？如果我们的制造体系不是精益求精、扎扎实实地寻求产品的高质量和工艺的先进性，那么我们的产品使用在前方会有什么问题？当我们的服务系统不计成本地进行扩张时，我们也会走向死亡。

这些假设的问题都是要解决的，就是要造就坚实的发展基础。坚实的基础如何造就？要靠我们全体员工的共同努力来推动公司管理的全面进步。

——摘自任正非的《不做昙花一现的英雄》

如今，在华为每年的销售收入中，海外市场占了一多半份额。其实，华为打开国际市场并非一帆风顺，而是经历了长期艰辛努力的结果。华为在国内发展时，采取了“农村包围城市”的策略，即先将自己有能力服务、强势的竞争对手又一时顾不上的农村通信市场拿下，再慢慢拿下较难的市场，从而一步步在国内通信市场树立起自己强大的行业地位。

在这种思想的指导下，华为首先瞄准的是离深圳比较近的香港市场。1996年时，香港和记电信刚获得香港的固定电话运营牌照，急需在很短的时间内开展移动不改号的业务，并且和记电信希望这个时间能够控制在3个月以内。

然而，和记电信刚开始找到的那些外资大型通信设备供应商不但要的价格很高，而且还需要很长的时间，至少要半年时间才行。和记电信看到这些大供应商都没办法在3个月时间里实现移动不改号的业务，觉得很可能要错过市场机会，所以非常焦虑。正在这时，有人向和记电信推荐了华为公司。

华为在接下这个项目后，不但在3个月内如期完成了任务，而且与其他大设备供应商相比，价格也低了不少。此外，华为还根据当地的生活特点，将通信设备放在了楼梯间里，深受当地用户的喜爱。可以说，华为在这次业务合作中的综合表现，令和记电信公司非常满意。

有了这次业务的成功后，华为加大了对国际市场的开拓力度。这时，华为优先考虑发展中国家的通信市场，其中，首先考虑的是俄罗斯和南美地区。这是因为，这些地方的通信市场相对较大，需求也比较多。

1997年4月，华为在俄罗斯建立了合资公司，以本地化模式拓展俄罗斯的通信市场。在刚开始的几年里，华为的市场拓展并不太顺利，但华为并没有放弃，最终逐渐有了成效，从2000年开始，华为在俄罗斯市场有了盈利，在当地的市场占有率也不断增加，并成为俄罗斯排名前几位的设备供应商。1999年，华为在巴西成立了合资公司，加大了在南美地区的市场开拓力度。

此后，华为开拓国际市场的步伐逐渐加快。从2000年开始，华为又开始在泰国、新加坡、马来西亚等东南亚市场以及中东、非洲等地进行市场开拓。随着市场一步步被打开，华为在发展中国家取得了不错的业绩。

有了在发展中国家打下的良好基础后，华为开始进军发达国家的通信市场。其中，首先从西欧市场入手，从2001年开始，华为以10G SDH网络产品进入德国市场，开始和德国当地著名代理商合作，通过代理商，华为成功地打入德国市场，取得了不错的业绩。接着，华为又在法国、英国等国家开拓市场，从而使得西欧的通信市场有了华为的一席之地。

华为在国际市场的辛勤耕耘，终于使得华为在国际市场中具备了较高的知名度与美誉度。2004年2月，华为总部接到了奥运会承办方的电话，希望华为为即将召开的雅典奥运会提供全套的GSM设备系统，奥运会承办方还向华为表示，这次设备采购会立即支付给华为900万美元的定金。一向以程序严格、烦琐著称的奥运会承办方，竟然这么直接地将定金付给华为，显然是对华为的产品与服务质量的极大肯定，也说明国际市场非常认可华为的品牌与服务能力。

不久，华为在英国设立了欧洲地区总部，这是华为在海外最大的机构之一，英国《泰晤士报》①权威评论华为的这一举动，是中国企业走向国际化的重要标志。可以说，华为在国际市场的长足扩展与进步，是与任正非长期倡导的"做实""打好基础"分不开的。

微语录

企业发展中不可避免地要面临市场扩张的问题，企业扩张的前提是打好基础。

---

①《泰晤士报》，英文名称为The Times，创办于1785年元旦，总部位于英国伦敦，是英国的一份综合性日报，对全世界的政治、经济、文化有着很大的影响力；该报现隶属于美国新闻集团（News Corporation）。

海外不打价格战，共存双赢

华为要快速增长就意味着要从友商手里夺取市场份额，这就直接威胁到友商的生存和发展，可能在国际市场到处树敌，甚至遭到群起而攻之的处境。所以我们要韬光养晦……要与友商合作，成为伙伴，共同创造良好的生存空间，共享价值链的利益。

……例如，我们跟美国3Com公司合作成立了合资企业。华为以低端数通技术占股51%，3Com出资1.65亿美元（占股49%），3Com就可以把研发中心转移到中国，实现成本降低。而华为利用了3Com世界级的网络营销渠道来销售华为的数通产品，大幅度地提升了产品的销售，2004年销售额增长100%，这样使我们达到优势互补、互惠双赢，同时也为我们的资本运作积累了一些经验，培养了人才，开创了国际化合作的新模式。

……在海外市场的拓展上，我们强调不打价格战，要与友商共存双赢，不扰乱市场，以免西方公司群起而攻之。我们要通过自己的努力，通过提供高质量的产品和优质的服务来获取客户认可，不能由于我们的一点点销售来损害整个行业的利润，我们决不能做市场规则的破坏者。

——摘自任正非的文章《华为与对手做朋友 海外不打价格战》

在市场竞争中，价格战是很多企业惯用的手段。比如，为了打压对手，便故意将自己的产品价格压低，以寻求更多的客户。的确，价格战能够在一定程度上抢占更多的市场，但常常会受到竞争对手的指责，也会在一定程度上损害自己的盈利能力。对此，任正非不主张打价格战，他认为华为要在国际市场上立足，就要考虑国际市场的情绪。为了能够在国际市场上良好发展，任正非认为应当寻找一条共赢的道路。

总的来看，华为进入国际市场，对于西方国家的电信运营商来说，是一件好事。因为这有助于使运营商摆脱对老牌电信设备供应商的依赖，从而撼动老牌电信设备供应商长期以来近乎垄断的市场地位，使得价格更加回归理性。正是有了这个大的前提，华为进入国际市场，有了很快的发展。

但任正非也明白，要将华为进入国际市场的路理顺，就不能跟那些老牌电信设备供应商把关系搞僵，否则，如果那些老牌电信设备供应商联合起来，华为的海外之路就必然受影响。因此，在最初进入欧洲电信市场的时候，华为只是先和当地小型电信运营商合作，随着合作范围的加深，华为的服务质量逐步获得了客户的信任，渐渐地成为能够和老牌电信设备供应商平起平坐的商家。

这时，任正非并没有头脑发热迅速占领全部市场，而是强调华为“三分天下有其一”，只是要和其他商家协调发展，不会为了竞争市场打价格战，而是在动态的协调中维持自己的市场份额。另外，任正非认为，要保持合理的毛利水平，不要破坏行业价值。只有共赢的市场，才能够使供应方和接收方均良性发展。

曾在2003年，美国思科一纸诉状将华为推上了被告席，理由是华为侵犯了其知识产权，该事件一度在业内闹得沸沸扬扬。对于思科起诉的真实意图，虽然各界说法不一，但有一点是可以肯定的，所谓的“侵犯知识产权”只是表象，否则双方不会最终选择庭外和解。思科当时之所以选择起诉华为，一个根本的出发点是将华为放在了竞争对手的位置上。实际上，华为当时在国际市场上的发展，已在某种意义上构成了对思科潜在的威胁。

在市场中长期栉风沐雨后，任正非对与竞争对手的和谐共处有着深刻认识。对此，任正非在2014年2月的一篇讲话中指出：

“合不合作都是利益问题，我个人是主张竞合。我们强调聚焦，聚焦后我们还是需要很多东西，去和别人战略合作，而且是真心诚意地合作，我们就有帮手去抵抗国际上的压力。

“就像微软，多少人在微软Windows上开发了二次应用、三次应用，如果微软没有了，他所有的应用就都要重新搞一遍，他怎么会希望微软垮掉呢？苹果短期也不会垮掉，因为苹果有很多伙伴，你看现在教学系统都是用苹果软件，上苹果APP Store，教材全下来了。我们也要向这些公司学习，也要走向这条路。

“合作伙伴是越多越好，但如果我们去集成，我们就树立了一大堆敌人，就要去颠覆这个世界。谁要颠覆这个世界，那最后他自己灭亡了。所以我认为还是要利用盟军的力量，我只要搭着你的船，能挣点钱就够了，我为什么要独霸这个世界呢？

“我们走向被集成，那么我们就要建立多种伙伴群，用伙伴群把产品卖给客户群。比如，SAP①最早就是我给你们谈的，我说我们要成为战略性伙伴关系，我们永远不进入它的领域，我们就开始合作了，我们就有了机会。”

微语录

一个行业内不可能仅有一家企业，否则就难称其为“行业”。所以，企业要懂得在行业内共存双赢。

---

① SAP，全称为Systems Applications and Products，可译为“系统应用程序和产品”，也指该公司的名称，成立于1972年，总部位于德国沃尔多夫市，全球著名的企业管理软件解决方案供应商。

胜则举杯相庆，败则拼死相救

“胜则举杯相庆，败则拼死相救”的市场工作原则，几年来感召了多少英雄儿女一批一批地上前线。商场如战场，却比战场更加持久的残酷与艰苦，苦难的历程又抚育成长了多少市场营销干部。没有他们一滴汗、一滴泪的奋斗，就不会有今天月销售额突破12万元的好成绩。我代表公司向市场部全体成员表示衷心的祝贺。

——摘自任正非的文章《胜利祝酒词》

市场开拓，除了需要个人努力，更需要一种团队精神。这是因为，企业能够获得市场，总是多方面因素作用的结果。所以，任正非提出的“胜则举杯相庆，败则拼死相救”反映出一种团队奋斗的精神。无独有偶，阿里巴巴创始人马云也非常重视团队精神的作用，他曾说：“什么是团队呢？团队就是不要让另外一个人失败，不要让团队任何一个人失败。”

尽管任正非强调要实施末位淘汰制，以保持组织时时处于激活状态，但这并不代表任正非对员工不在乎。相反，任正非不会轻易放弃任何一个员工，他对每一个员工都充满了爱护之情。比如，在任正非的领导下，华为每年都会给每位员工发放退休金，并建立员工的个人账户，如果员工以后想离开公司，这笔钱就可以带走。

这样的话，员工们便不会对企业产生一种“畏惧”之心，而是将自己更加视为华为大家庭的一员，从而稳定了员工心绪，激发了员工的工作斗志，更好地投入工作之中。

另外，在绩效考核中被淘汰掉的员工，以后也并非没有机会再进入华为。这些被淘汰的员工还可以转入再培训，由华为的培训大队对员工进行再一次的考核与甄别，察看是这个员工在能力上真的不行，还是由于领导的排斥和打击等行为。这样，就强化了团队内的公正意识，增强了凝聚力，也使得华为公司和员工形成了一种鱼水交融的关系，从而为华为的高增长奠定了基础。

可以说，一支销售团队要是没有凝集力，就跟没有凝集力的部队一样，战斗力必然削弱，就不可能打好仗。在当今信息时代，市场不可能仅由一两个人搞起来，哪怕一个人能力再强，如果不去帮助团队里的伙伴，不懂得鼓励自己的伙伴，久而久之，团队成员一个个离去，这支团队离垮掉也就不远了。

对此，正如任正非所说：“一个人不管如何努力，永远也赶不上时代的步伐，更何况在知识爆炸的时代。只有组织起数十人、数百人、数千人一同奋斗，你站在这上面，才摸得到时代的脚。”

所以，一个好的团队，仿佛人的五根手指，只有握紧、抱成一团，才能发挥出很大的力量。在前进的道路中，只要大家齐心、互帮互助，哪怕进步一点点，只要坚持，永不放弃，最终就必然迎来辉煌。

对于华为来说，一个拥有17万多名员工的大企业，在为客户提供电信设备的整体解决方案时，往往并非输出单一的产品，而是软件、硬件和网络整套方案的输出，一个项目通常需要几个甚至更多部门的合作才能完成。在这里面，除了科学合理的业务流程，更需要全体华为人团结一心、通力合作才能够高质量地完成。

因此，正是华为“胜则举杯相庆，败则拼死相救”的团队合作精神，最终促成了华为每一份业务合同的顺利完成。可以说，这种团队精神也渗透了一种责任心和敬业意识，确保了每道工序都严格把关，每个岗位都兢兢业业，从而确保“在任何时候、任何地点，华为都意味着高品质”。

正如任正非所说，只有每个人都尽心竭力，整个团队才有“举杯相庆”的那一天；只有每个人都尽职尽责，整个团队才能真正做到“拼死相救”。在战场上拼死相救是战士的职责，在华为，对自己的岗位负责，对自己的产品负责，是全体华为人永恒的职责。

微语录

市场拓展与维护是一项团队合作性工作，

所以企业要积极塑造与发挥团队精神。

打造能在国际上驰骋的品牌

……我们的游击作风还未褪尽，而国际化的管理风格尚未建立，员工的职业化水平还很低，我们还完全不具备在国际市场上驰骋的能力，我们的帆船一驶出大洋，就发现了问题。我们远不如朗讯、摩托罗拉、阿尔卡特、诺基亚、思科、爱立信等那样有国际工作经验。

我们在国外更应向竞争对手学习，把他们作为我们的老师。我们总不能等待没有问题才去进攻，而是要在海外市场的搏击中，熟悉市场，赢得市场，培养和造就干部队伍。我们现在还十分危险，完全不具备这种能力。若三至五年之内建立不起国际化的队伍，那么中国市场一旦饱和，我们将坐以待毙。今后，我们各部门选拔干部时，都将以适应国际化为标准，对那些不适应国际化的，要逐步下调职务。

……你们背负着公司生死存亡的重任，希望寄托在你们身上。

——摘自任正非于2001年1月在华为“欢送海外将士出征大会”上的讲话

企业品牌关系到企业的整体形象，以及企业业务的开展。一个拥有卓越品牌的企业，显然对客户有更大的吸引力和感召力，从而使得企业更好地开展业务。实际上，任正非在创办华为时，就对品牌的重要性有着深刻的认识。比如，华为的字面含义“中华有为”，不仅体现出华为品牌要在国内打响，更要屹立于世界优秀的品牌之列。因此，我们从“华为”的名称中也可以看出任正非创办华为时的远大理想。

一般来说，通信企业宣传品牌形象与推广产品的一个重要手段，就是参加展会，从而在展会上向业界更好地展示自己，以树立品牌。所以，每次有影响的国际展会，任正非都会派员工参加，积极地展示华为的企业形象，增加业务成交的机会。为此，据统计，华为在历次展会上的投入累计超过1亿元人民币，是一笔不菲的开销。然而，一向节俭的任正非对此并不后悔，他说：“活下来是我们真正的出路，国际上的市场竞争法则是优胜劣汰，难做的时候，你多做一个合同，别人就少一个。”

不仅如此，华为在每一次参加展会时，都会付出很大的精力去布展，从而在最大程度上展示华为的品牌形象。一般情况下，华为的展台都会与国际巨头通信企业的展台相邻，而且必须比竞争对手展台的规模大，在布置上也更加精致；华为还会在每次展会中展示一些新技术和新产品，在吸引业界关注的同时，还展示出华为强大的研发实力。比如，在1996—2000年之间，华为每年都要参加几十个国际顶级的展览会，只要一有机会就会展示自己。

2003年，华为在日内瓦参加ITU[①]展会的时候，租下展会中一个500多平方米的展台，成为当时场面最大的通信设备厂商展厅之一，给西方电信运营商一个颇具震撼力的印象。事实证明，不少客户是在华为强大的品牌实力下，选择了与华为进行合作。

此外，在国内很少做广告的华为，为了更好地开展海外业务，从2005年开始，在海外进行了大量的广告投放，人们能在国外很多知名杂志，如《经济学

① ITU，全称为International Telecommunication Union，可译为“国际电信联盟”，是联合国主管信息通信技术事务的一个专门机构，成立于1865年5月，是联合国机构中历史最长的一个国际组织，简称“国际电联”，总部位于瑞士日内瓦。

人》[①]、《商业周刊》[②]、CRN[③]等上看到华为整版的广告。

为了打造符合主流文化认同的国际品牌形象，华为还不惜重金邀请国际著名品牌设计公司重新为华为设计标志。2006年5月初，华为宣布更换已使用二十多年的公司标志，更换后的新标志是一个红色的花瓣，在保持原有标志蓬勃向上、积极进取的基础上，更体现了华为聚焦、创新、稳健、和谐的品牌理念。

除了通过展会、广告投放、企业LOGO[④]等打造公司品牌，华为还非常重视用户的体验，注重用户之间的口碑宣传。华为的一系列努力，最终获得了累累硕果。2005年度，华为全年销售额达到453亿元人民币，同比增长40%左右，其中海外市场达到32.8亿美元，在总销售额中占比58%，海外市场收入首次超越华为在国内市场的收入；2013年度，华为实现总销售收入2 390亿元人民币（约合395亿美元），其中，海外市场收入1 550亿元人民币，占华为全部收入的65%，在海外市场里，欧洲中东非洲片区、亚太、美洲分别占华为总销售收入的36%、16%和13%。

在2013年度，华为销售收入首次超过爱立信。如今，华为已从一家很小的通信设备代理商成长为全球首屈一指的通信设备与解决方案供应商，在国际化与全球化的道路上越走越远。

微语录

要打造能在国际上驰骋的品牌，就要熟悉和遵守国际规则，持续提升专业化水准。

① 《经济学人》，英文名称为The Economist，创刊于1843年9月，总部位于伦敦，世界著名杂志。
② 《商业周刊》，英文名称为Business week，创刊于1929年，总部位于美国纽约，世界著名商业杂志。
③ CRN，全称为Computer Reseller News，可译为“计算机经销商信息报”，美国著名的IT专业杂志、在线新闻和专业市场调查的出版者。
④ LOGO，全称为LOGOtype，可译为“商标”，常作为企业品牌的标志。

第六章

供应链管理：
供应链是企业的生态链

·任正非说·

现代企业竞争已不是单个企业之间的竞争，而是供应链的竞争。
企业的供应链就是一条生态链，客户、合作者、供应商、
制造商的命运都在一条船上。只有加强合作，关注客户、合作者的利益，
追求多赢，企业才能活得长久。

华为的发展壮大，不可能只有喜欢我们的人，还有“恨”我们的人，
因为我们可能导致了很多个小公司没饭吃。我们要改变这个现状，
要开放、合作、实现共赢，不要“一将功成万骨枯”……
当我们在这个产业链上拉着一大群朋友时，我们就只有胜利一条路了。

我们要保持“深淘滩、低作堰”的态度，多把困难留给自己，
多把利益让给别人。多栽花少栽刺，多些朋友，少些“敌人”。
团结越来越多的人一起做事，实现共赢，而不是一家独秀。

企业竞争是供应链的竞争

现代企业竞争已不是单个企业与企业的竞争，而是一条供应链与供应链的竞争。企业的供应链就是一条生态链，客户、合作者、供应商、制造商命运在一条船上。只有加强合作，关注客户、合作者的利益，追求多赢，企业才能活得长久。因为，只有帮助客户实现他们的利益，华为才能在利益链条上找到华为的位置。

——摘自任正非于2005年4月在“广东学习论坛”第十六期报告会上的讲话

每个企业总是处于某个价值链特有的环节。比如，一家生产钢铁的企业，往往需要铁矿石、煤炭等材料的支持，那么，生产铁矿石、煤炭的企业便是钢铁企业所处价值链的上游企业；钢铁生产出来后，往往需要销售到一些以钢材为原料的企业，如汽车制造厂、机械设备制造厂等，那么这些钢材消耗企业便是钢铁企业所处价值链的下游企业。

对于这家钢铁企业来说，无论是其上游企业，还是下游企业，都会对其正常运营与发展产生重要影响。假如矿石、煤炭等原材料在生产中出现问题，那么这家钢铁企业的原料供应就会受到直接的影响；如果钢铁消耗企业出现经营上的困局，那么钢铁企业所生产出来的钢材在销量上就会受到直接的影响。一般来说，一个企业的稳健发展，需要其所处的供应链进行整体支持。供应链健壮的企业，在发展上无疑会更加稳健；供应链脆弱的企业，在发展中就会面临很大的不确定性。

基于此，任正非在带领华为发展的过程中，非常重视供应链的建设，并将供应链强调为企业的“生态链”，企业之间的竞争，实则是供应链的竞争。所以，从1997年到2005年，华为全面导入IBM的管理方式，这集中体现在两大主要流程改进上，其中之一就是集成供应链（Integrated Supply Chain，ISC），这为成就华为未来极强的竞争力打下了基础。在导入集成供应链ISC之前，华为的供应链基础设施主要是围绕高利润、高成本但快速响应的通信设备构建起来的。

然而，随着华为在通信领域的纵深发展，从通信设备发展到手机终端和芯片业务，以及企业服务业务，原先单一的供应链就难以适应业务多元化的需求。比如，低利润、低成本的手机业务，以及非典型制造业的芯片业务，就在华为原有的供应链模式下显然不适应，从而使原有供应链模式的整个流程和系统更加复杂与低效。可以说，这是华为当时的供应链中面临的问题，也是任正非认为的一项“短板”。

其实，在对供应链改进的过程中，任正非进行了多方考察与深思熟虑。早在1997年年底，任正非访问了美国休斯公司、IBM公司、贝尔实验室和惠普公司。其间，任正非对IBM的产品开发模式、供应链管理模型等做了比较深入而全面的了解，并决定向IBM学习；再者，IBM在80多年历史中积累的经验与教训，特别是20世纪90年代“死而复生”的经历，也是任正非认为华为这样一家年轻企业非常需要学习和借鉴的。

据IBM顾问介绍，华为在重整供应链之前，其管理水平与业内其他公司相比确实存在较大的差距。尽管华为当时已在交换机、接入网、智能网、光网络等产品开发和市场应用领域有了重大突破，具备了较强的实力，但华为那时的订单及时交货率只有50%，而国际上其他电信设备制造商的平均水平为94%；华为的库存周转率只有3.6次/年，而国际平均水平为9.4次/年；华为的订单履行周期长达20～25天，而国际电信设备制造商的平均水平为10天左右。

这让一向以危机感著称的任正非感到改进供应链的重要性。于是，任正非提出了“管理与国际接轨”的口号，其中，供应链改进是重中之重。可以说，华为重整供应链的目的，就是设计和建立以客户为中心、成本最低的集成供应链，这为华为成为世界级领先企业打下了良好的基础。

所谓集成供应链，其管理原则是通过对供应链中的信息流、物流和资金流进行设计、规划和控制，保证实现供应链的两个关键目标：一是提高客户的满意度，二是降低供应链的总成本。所以，集成供应链不仅仅是一种物质的供应链，更是集财务、信息和管理模式于一体的管理优化。正是为此，任正非才说：“集成供应链解决了，公司的管理问题基本上就全部解决了。”

可以说，集成供应链变革的覆盖范围很广，既包括公司内部的销售、采购、制造、物流与客户服务等多个业务系统，又包括企业外部的客户和供应商。任何一个环节的问题，都会影响到整个集成供应链链条运作绩效的改进。

因此，在优化供应链的过程中，华为先是完成企业内部业务流程的优化，然后再向价值链的上游（供应商）和下游（客户）延伸，最终打造出一个健壮而有生命力的供应链，从而确保了华为在市场经营中的长足进步。

微语录

企业总是依赖于某一个价值链而生存与发展，这个价值链就是供应链。企业经营好所处的供应链，就是经营好自己的生态环境。

“深淘滩，低作堰”

将来的竞争就是一条产业链与一条产业链的竞争。从上游到下游的产业链的整体强健，就是华为的生存之本。

……我们要保持“深淘滩，低作堰”的态度，多把困难留给自己，多把利益让给别人。多栽花少栽刺，多些朋友，少些“敌人”。团结越来越多的人一起做事，实现共赢，而不是一家独秀。

……我们还是“深淘滩，低作堰”，就是我们不想赚很多的钱，但我们也不能老是亏钱。“低作堰”嘛，我们有薄薄的利润，多余的水留给客户与供应链。这样我就能保存生存能力，你只要活到最后就一定是最厉害的，因为你每次合作的时候都要跟强手竞争，留着活下来的都是蛟龙。

——摘自任正非的文章《深淘滩，低作堰》及相关讲话

2009年，任正非在游览四川都江堰时，从李冰父子治水的故事中得到启示，并写了一篇题为《深淘滩，低作堰》的文章。在这篇文章中，任正非第一次明确地提出：“将来的竞争就是一条产业链与一条产业链的竞争。从上游到下游的产业链的整体强健，就是华为的生存之本。”

接下来，从2009年至2010年，任正非又在不同的讲话和文章中具体指出，所谓“深淘滩”，就是企业要确保增强核心竞争力的投入，确保对未来的投

入，即使在企业的经营状况暂时不好时，也不能动摇这一根本，同时还要不断挖掘内部潜力，降低经营成本，为客户提供更有价值的服务；所谓“低作堰”，就是要节制对利润的贪欲，自己留存的利润可以低一些，要多一些让利给客户，并善待上游供应商，不要为获得更高的利润率而放弃对市场的培育和对客户的回报，不能因为短期的目标而损害长远的目标。

2007年初，美国次级抵押贷款的风险浮出水面，出现大量坏账，直接影响了金融市场稳定，引发次贷危机；2008年9月，以美国雷曼兄弟银行（Lehman Brothers）申请破产和美林证券（Merrill Lynch）被收购为标志，预示着由美国次贷危机引发的金融危机正式爆发，并迅速蔓延全球。

其中，雷曼兄弟银行成立于1850年，曾在2000年被美国《商业周刊》评为“最佳投资银行”，在全球金融市场具有很大的影响力。雷曼兄弟银行的这次破产申请，成为美国史上最大的破产保护事件，雷曼兄弟银行的破产保护债务超过6 130亿美元。

美林证券成立于1912年，曾是美国第三大投资银行。美林证券在次贷危机中亏损严重，最后被美国银行（Bank of America）以约440亿美元收购，从而进一步加剧了金融市场格局的变动。

这场金融危机从证券向实体经济蔓延与扩散，并使得世界各国经济增速放缓，失业率激增，甚至有些国家出现严重的经济衰退。据统计，这场金融危机在2011年才基本结束。

任正非带领下的华为，从2005年开始，海外市场的销售收入已成为公司收入的主要来源。所以，这场金融危机对各国经济的负面影响，直接影响了华为的市场经营。可以说，任正非提出的“深淘滩，低作堰”，实际上也是提出了在金融危机时期，华为对内和对外两个方面的战略。在金融危机面前，一些企业为了压缩开支、节约成本，不惜大幅削减研发、市场营销费用，而这些实际上是企业核心竞争力的关键环节，削减这些费用，将会给企业的长远发展带来致命影响。

比如，过去一些手机生产企业为了眼前的利益，忽视研发和技术创新，甚至将营销也全部外包给渠道经销商。结果，没过多久，曾经红火一时的品牌都一个个销声匿迹，给人们留下了惨痛的教训。这些案例反过来又证明，对于关系企业核心竞争力的成本支出，任何时候都不能削减，即使在金融危机下，也要咬牙坚持进行持续性的投入；否则，一个企业很快就将被技术进步的大潮淹没，可能等不到产业春天的到来就已经倒下。

另外，“低作堰”更多指的是如何处理与运营商和供应链的关系。通信运营商是设备供应商的客户，也是设备供应商的“衣食父母”。作为供应商，必须高度关注、深刻理解运营商对网络设备的新诉求。通常情况下，运营商会关切采购成本和运营维护成本，在采购网络设备时，不但对设备性能、技术、后续演进提出很高要求，而且对设备价格也提出了近乎苛刻的诉求，这种诉求在金融危机的环境下更加突出。

在当时，甚至出现“签单可能不赚钱，不签又怕丢了市场”的窘境。该怎么办呢？任正非提出了不要因短期目标而牺牲长期目标，要多一些利益输出，多为客户创造长期价值。这无疑是颇有远见的理念，也的确需要一些勇气。毕竟，作为设备供应商的华为，现金流的压力也是时刻存在的。

后来，事实证明，华为在“深淘滩，低作堰”理念的引导下，顽强地度过了金融危机，并实现了市场收入的相对稳定，甚至增长。可以说，华为经营业绩的持续增长，与任正非对供应链及企业自身素质的长期关注是分不开的。

微语录

企业要不断挖掘自身潜力，并经营好供应链，才能保障企业的持续稳健发展。

采购的职能化、专业化

1996年，我们开始了采购的专业化、职能化分工。推行了认证、分散采购的模式，采购作业逐步走向职能化、专业化，锻炼了采购队伍，加大了对库存的控制力度；认证工作从过去的单纯商务谈判逐步形成对供应商的全面管理；以自营进出口为主、代理进口为辅的双轨进出口模式，有力地发挥香港公司的资源，实行采购融资的策略。

财务在账务正规化建设上做出了努力，逐渐建立了明晰的分层结构的模块管理构架，为公司的财务进步打下了基础。在融资方面，理顺并拓宽了渠道，缓解了公司资金困难的局面，逐步对国际融资有了探索。公司的内部审计系统，在流程及制度审计方面做出努力，开拓对不同业务进行审计，找出了问题，提出了改进的意见。我们正在为建设一个健全的审计系统做出努力。

——摘自任正非于1997年4月在华为“机关干部下基层，走与生产实践相结合道路欢送会”上的讲话

在企业经营中，采购业务通常要与供应链中的上游供应商打交道。可以说，采购业务开展得好坏，会对企业生产经营产生战略性影响。举例来说，我们曾经听说过的一些问题企业，尤其是食品企业，很大程度上是由于原材料采购出

了问题，从而使得企业生产出来的产品如同多米诺骨牌一样随之出现问题，最终严重影响了企业的发展，甚至有些企业为此而倒闭。

基于此，任正非高度重视采购工作，并强调采购工作要实行“专业化、职能化分工”，从而保障采购工作的正常进行。为此，在任正非的倡导下，华为起草与实施了一系列采购方面的规章制度，我们接下来看一份华为在2013年7月修订的《采购业务行为准则》（以下简称《采购准则》），从而了解华为在采购工作方面具体是怎样操作的。

这份《采购准则》开篇便提出旨在“对采购业务人员行为要求的强调和细化”，在接下来的“总则”部分里，对采购业务做出了这样宏观的规定：

一、采购业务人员与供应商合作及所有的商业活动必须遵循诚信与商业道德准则的原则。

二、采购活动必须严格遵循华为公司采购流程与制度规范，围绕“价值采购、阳光采购”的总体采购策略，遵从公正、公开、公平的原则，采购人员负责为公司获取最佳的总体价值，确保每一项采购活动和决策都能为公司带来最佳综合利益。

三、本准则适用于华为投资控股有限公司及其全球范围内直接或间接控股子公司。

在接下来的“细则”里，对采购业务人员的界定是“不仅指采购部门的专职采购人员，还包括所有参与采购业务或参与采购授权业务履行的其他相关人员”。那么，采购业务人员在采购业务的执行过程中，应该遵守哪些行为要求呢？总体上来说，是这样规定的：

1. 采购业务人员对供应商的承诺必须得到公司合法授权，不得以个人名义对外承诺。

2. 采购业务人员应合法发展与所有供应商的关系，在执行业务过程中，要遵守所有适用于业务的法律、法规。

3. 不论是接待供应商或参加谈判，我方参与人员不能少于两人，禁止与供应商单独接触。

4. 原则上不许动用供应商资源为自己及亲朋好友、部门活动办事，所有员工如有特殊需求，按市场价格结算及付费并申报。

5. 禁止贪污受贿。凡是贪污受贿，一律按照公司相关规定严肃处理，并对涉及违反相关法律的，移交司法机关处理。

6. 采购业务人员应致力于使公司整体利益最大化，在任何一次采购项目中获得尽可能优惠的商务条件和服务。在采购项目有关责任人员可以控制的范围内，要为公司获得最大的当前利益和长远利益，不得以业已存在的供应渠道、采购价格和服务标准为理由而降低工作的质量。

7. 原则上，华为离职员工投资、持股或担任重要职位的公司不得成为华为的供应商。华为离职员工2年内不得到供应商处担任与华为业务接口工作。如有华为离职员工在供应商处担任与华为业务接口工作的，采购业务人员应要求供应商更换接口人。

同时，华为还对供应商的综合素质与能力进行评定，包括产品质量、服务响应能力、供货表现、网络安全、社会责任等。对于供应商的选择，华为也明确规定供应商的选择是一个集体决策的过程，任何采购业务人员禁止运用或试图运用自身的影响力，使特定供应商得到“特殊待遇”。

可以说，华为关于采购业务的一系列规章制度，包括《采购业务行为准则》，是任正非对“采购工作要职能化、专业化”的具体落实。采购工作质量的强化，保障了华为产品线的安全，为华为的通信设备畅行全球奠定了基础。

微语录

在企业产品线的业务流程里，采购工作可谓处于源头。源头之水出问题，下游产品必然受影响，所以企业要高度重视采购工作。

忽略质量，相当于自杀或杀人

我们决不能为了降低成本，忽略质量，否则那是自杀或杀人。搞死自己是自杀，把大家都搞死了，是杀人。

《华为公司基本法》第七十八条：优越的性能和可靠的质量是产品竞争力的关键。我们认为质量形成于产品寿命周期的全过程，包括研究设计、中试、制造、分销、服务和使用的全过程。因此，必须使产品寿命周期全过程中影响产品质量的各种因素，始终处于受控状态；必须实行全流程的、全员参加的全面质量管理，使公司有能力持续提供符合质量标准和顾客满意的产品。

——摘自任正非的内部讲话及《华为公司基本法》

从当前的市场竞争形势来看，重视质量问题已成为现代企业获取有利竞争地位、实现长远发展的最重要因素之一。对产品质量的重视，正在成为越来越多企业的共识，很多企业还纷纷提出自己保障质量的口号。比如，美国通用汽车公司提出的“让质量上路”，福特汽车公司[①]的“质量是第一件工

① 福特汽车公司，英文名称为Ford Motor Company，成立于1903年，总部位于美国密歇根州迪尔伯恩市，是世界著名汽车生产商。

作”，摩托罗拉提出的“让顾客全面满意”等。对产品质量的重视，在一些国家甚至上升为一种国家战略。

比如，早在1951年，为了鼓励企业不断提高产品的质量，日本设置了国家质量奖——戴明奖①，每年将该奖项颁发给一家在其质量管理项目上有突出贡献的公司。在二十世纪七八十年代，日本的电子类产品能够成功地打进美国市场，甚至风靡全世界，一个很重要的原因就是其产品的高质量。

同样，任正非对质量也非常重视，将质量管理视为企业的一项长期战略。这一点在受任正非思想深刻影响的《华为公司基本法》里就有直接的体现。比如，《华为公司基本法》的第八条对质量这样阐述：“我们的目标是以优异的产品、可靠的质量、优越的终生效能费用比和有效的服务，满足顾客日益增长的需要。质量是我们的自尊心。”也就是说，质量上升为华为公司的战略目标。

尽管以任正非为首的华为人非常重视质量，但在发展初期的时候，由于缺乏资金、受技术的劣势等因素的影响，因此华为的产品质量相对于思科、朗讯等当时国际主流企业制造出的产品质量来说，还是有一定差距的。因此，华为在初期发展中，一方面通过加强对服务的管理来弥补质量上的不足，另一方面积极努力建设自己的质量管理体系，尤其是引进与消化全面质量管理②体系。

从管理的角度来讲，全面质量管理是通过对企业系统各个层次，包括每个部门、每项活动乃至每个人的预防性管理，来生产出令顾客满意的产品，

---

① 戴明奖，始创于1951年，是日本质量管理的最高奖，在世界三大质量奖项（另两项为美国波多里奇国家质量奖和欧洲质量奖）中创立最早；“戴明奖”的名称，源于纪念曾为日本“战后”质量控制发展做出卓越贡献的威廉·爱德华·戴明（William Edwards Deming，1900—1993，生于美国爱荷华州）博士。

② 全面质量管理，英文全称为Total Quality Management，简称TQM，由美国著名管理专家费根堡姆（Feigenbaum）博士于20世纪60年代提出，是以组织全员参与为基础的质量管理形式，代表了质量管理发展的一个全新阶段，在国际上有极大的影响力。

从而全面提高企业整体的有效性、柔性和竞争力。

在ISO9000[①]中，对于TQM的阐述是："一个组织以质量为中心，以全员参与为基础的管理途径。其目的在于通过顾客满意和本组织成员及社会收益而达到长期的成功。"正是基于TQM的积极效用，它在当今的制造业和服务行业均得到了广泛的应用。

在引进全面质量管理体系的过程中，仅在1997年，华为就完成了对21条生产线的工艺和质量控制的重整。经过重整，华为产品的质量水平得到了大大提高，从而进一步增强了所处供应链的健壮性。

为了将全面质量管理体系长期固化下来，在任正非的倡导下，华为将质量管理进行"法治化"，即写入《华为公司基本法》，而且在其中的多个条款里予以强调。比如以下几条：

第七十八条　我们的质量方针是：1. 树立品质超群的企业形象，全心全意地为顾客服务。2. 在产品设计中构建质量。3. 依合同规格生产。4. 使用合格供应商。5. 提供安全的工作环境。6. 质量系统符合ISO9001的要求。

第七十九条　我们的质量目标是：1. 技术上保持与世界潮流同步。2. 创造性地设计、生产具有最佳性能价格比的产品。3. 产品运行实现平均2000天无故障。4. 从最细微的地方做起，充分保证顾客各方面的要求得到满足。5. 准确无误的交货；完善的售后服务；细致的用户培训；真诚热情的订货与退货。

我们通过推行ISO9001，并定期通过国际认证复审，建立健全公司的质量管理体系和质量保证体系，使我们的质量管理和质量保证体系与国际接轨。

通过以任正非为首的华为人对质量的高度重视，我们可以看到，华为的

① ISO9000，是由国际标准化组织（International Organization for Standardization，简称ISO）在1994年制定的国际标准，旨在用于证实组织具有提供满足顾客要求和适用法规要求的产品的能力，保障产品质量；该标准现已在全球工业界得到广泛的承认。

成功实则是对优质持续追求的结果。对于很多企业来说，改善自己的所处环境，首先要从经营好产品质量开始。

微语录

企业产品质量的优劣，事关自身与所处供应链的切身利益。所以，企业务必要高度重视质量管理。

坚持普遍客户关系的原则

对客户做出长远的承诺，与优良供应商真诚合作并尊重对方。客户的利益就是我们的利益。通过使客户的利益实现，进行客户、企业、供应商在利益链条上的合理分解，各得其所，形成利益共同体。

以客户满意度为企业标准，孜孜不倦地去努力构建企业的优势，赢得客户的信任。

我们认为：客户的利益就是我们的利益。我们从产品设计开始，就考虑到将来产品的无代演进。别的公司追求产品的性能价格比，我们追求产品的终生效能费用比。为了达到这个目标，我们宁可在产品研制阶段多增加一些投入。只有帮助客户实现他的利益，只有他们有利益，在利益链条上才有我们的位置。

——摘自任正非的文章《华为的红旗到底能打多久》

在客户关系方面，任正非提出了“普遍客户关系”的理念。也就是说，在企业所处的整个供应链中，无论是为自己提供上游原材料的供应商，还是实现自己产品价值的下游客户，实际上都在不同程度地帮助企业得以发展，并且在这个供应链上渐渐地形成了一种“共进退”的利益共生关系，也就是任正非所说的“利益共同体”。

为了获得长远发展，企业需要善待所处的供应链，要坚持一种“普遍客户关系”的意识，去积极维护同合作伙伴的关系。同时，华为的“普遍客户关系”与其“以客户为导向”的理念相辅相成，从而确保华为在市场中的高度敏感性，并使得华为能够一次次地把准市场脉搏。

另外，“普遍客户关系”还反映出一种客观性的智慧，即内外无别、不戴“有色眼镜”，这就要求在原则上对客户应当一视同仁。应该说，客户关系是每一家企业很重要、工作量也很大的一项工作，能够从中提炼出“普遍客户关系”，可见任正非有着非常强的实践出真知的能力。

正是这种对客户关系的重视与培养，才使得华为成立29年来，客户越来越多，几乎遍布全世界。

曾经有位见证华为安装第一个C&C08交换机的客户在受邀参加华为的“核心网产品线奋斗者表彰大会”时，讲述了华为1993年浙江义乌的故事：“华为开局难在哪里，我们知道得很少。但苦在哪里，我们看到了。20多人的团队在机房里不分昼夜地连轴转。10月以后，天气冷了，华为人添置了蓝色的军用大衣。设备调测的时候，他们穿着大衣防寒；困了的时候，裹着大衣打个盹儿。这蓝色军大衣就是华为精神的写照。”

可以说，客户在与华为的频繁接触中，感受到了华为诚挚的服务态度以及工作人员的辛勤和责任心，也感受到了华为设备、技术的进步，而华为也在与客户的接触中全面了解了客户各方面的需求，对通信网络的认识也在不断地深化与细化，从而使得这种“普遍客户关系”成为华为发展中一笔宝贵的财富。

微语录

坚持“普遍客户关系”原则，有助于使企业维护好供应链，进而为自身发展提供更多的机会。

第七章

创新管理：不盲目创新，永远领先对手半步

·任正非说·

我们只允许员工在主航道上发挥主观能动性与创造性，不能盲目创新，
发散了公司的投资与力量。非主航道的业务，还是要认真向成功的公司学习，
坚持稳定可靠运行，保持合理有效、尽可能简单的管理体系。
要防止盲目创新，四面八方都喊响创新，就是我们的葬歌。

我们提倡不盲目创新。我们公司以前也是盲目创新的公司，也是非常崇拜技术的公司，
我们从来不管客户需求，研究出好东西就反复给客户介绍，客户说的话根本听不进去，所以在NGN交换机上，我们曾在中国市场上被赶出局。
后来，我们认识到自己错了，及时调整追赶，现在已经追赶上了，
在国内外得到了大量使用。盲目创新导致了很多西方大公司的快速死亡。

客户需要的是一个综合解决方案，它可以是华为做得好的东西，
也可以包括华为从外面买进来的东西，只要满足其需求。
因此，公司提出了运营商解决方案、企业解决方案和消费者解决方案概念，
以这三个解决方案来引领研发的变革，这就是以客户为中心的研发变革。

论贝尔实验室的兴衰

我们对2012实验室的约束是有边界的。只能聚焦在主航道上，或者略略宽一些。产品创新一定要围绕商业需要。对于产品的创新是有约束的，不准胡乱创新。贝尔实验室为什么最后垮了，电子显微镜是贝尔实验室发明的，但它的本职是做通信的，它为了满足科学家的个人愿望就发明了这个电子显微镜。发明后成果丢到外面划不来，就成立了电子显微镜的组织作为商业面的承载。所以无边界的技术创新有可能会误导公司战略。

现在我们说做产品的创新不能无边界，2012放得宽一点但也不能无边界。我们现在要成就的是华为的梦想，不是人类梦想。所以创新应该是有边界的，不是无边界的。

——摘自任正非于2014年4月在华为专家座谈会上的讲话

贝尔实验室成立于1925年，英文名为Alcatel-Lucent Bell Labs。从20世纪50年代开始，贝尔实验室就一直在不断地创造奇迹，包括晶体管、激光器、太阳能电池、第一颗通信卫星、有声电影等，陆续从这个实验室问世。至今，贝尔实验室已获得25 000多项专利，平均每个工作日至少获得3项专利。可以说，贝尔实验室的科研成果深刻地影响了整个人类社会。

修建于1957年至1962年的贝尔实验室大楼，位于新泽西州霍姆德市，占地473英亩，出自芬兰籍著名设计师埃罗·萨里宁（Eero Saarinen）之手。贝尔实验室大楼是美国最大的办公建筑之一，曾经容纳6000人在此工作，被无数人誉为“科学家神圣的殿堂”。我们现在所说的UNIX操作系统和C语言也源于贝尔实验室。

不仅如此，作为美国最大科研机构之一的贝尔实验室，为推动美国科技的发展立下了汗马功劳。据统计，贝尔实验室累计有11位科学家获得7项诺贝尔物理学奖。此外，贝尔实验室还获得9项美国国家科学奖、8项美国国家科技奖等顶级科技奖项。因此，贝尔实验室一度被视为美国的一张名片、美国科研机构中杰出的发明领袖。

然而，在2008年8月，这座昔日无比荣耀的科研大楼由于经营上陷入困局，再加上其母公司阿尔卡特—朗讯在经营上长期陷于窘境，因此不得不被其母公司阿尔卡特—朗讯售出。

的确，早在1947年，物理学家巴丁和布拉顿在贝尔实验室发明了点接触晶体管，之后贝尔实验室在此基础上又先后发明了面型晶体管和体型效应晶体管。晶体管的诞生给贝尔实验室的科学家带来了诺贝尔奖，也让贝尔实验室随之闻名全球。更为重要的是，这一发明掀起了以晶体管取代电子管的微电子技术革命，带领人类开启了硅文明时代。

在此基础上，晶体管又直接催生了现代计算机，而贝尔实验室后来研发的UNIX操作系统又使计算机联网互通变成现实，因特网随之应运而生。不久，最为流行的编程语言——C语言也从贝尔实验室诞生，促进了软件行业的发展与繁荣。可见，贝尔实验室对科学、技术、产业、生活等各个领域的影响延续至今。

从对贝尔实验室的研究中来看，贝尔实验室长期专注于发明，尤其是具有彻底的原创性甚至划时代意义的发明创造。其实，这一传统早在贝尔发明电话时便已开始，因为电话的发明可以说前无古人，那种创意是革命性的。当然，研发活动总要建立在一定经济基础之上，尤其是这种发明创造式的创新活动，大量的资金投入不可避免。

在贝尔实验室运营的早期，其赖以生存的母公司AT&T在有线和无线电话领域已经占据了美国90%的市场。母公司强大的经济实力构成贝尔实验室的研发基础，使得贝尔实验室成为只追求发明梦想，而不必去考虑具体市场需求的“科学家天堂”。然而到了20世纪90年代，贝尔实验室风光不再，由于母公司AT&T在一次战略重组中进行分解，贝尔实验室也随之彻底从AT&T中剥离，分属给了专门负责通信科技及其设备研究的朗讯科技公司。

在市场竞争压力下，朗讯公司不断地裁员与缩减经费，贝尔实验室的境况更为堪忧。2006年，朗讯与法国阿尔卡特公司合并，新成立的阿尔卡特—朗讯成为贝尔实验室新的母公司。但合并后的阿尔卡特—朗讯并未走出经营困境，不得不售出拥有46年历史的实验室大楼。

由此，任正非对华为的创新与发明工作有了更加深刻的认识，即企业的发明创造活动，务必要服务于企业的发展需要，只有这样，才能长盛不衰。因为在全球范围内，经济效益正在主导一切，科研活动也几乎完全受制于经济效益。正是在这种大环境下，以贝尔实验室为代表、研发与市场沟通不足的传统研究院相继衰落甚至倒闭。这又在很大程度上印证了任正非“以客户为中心”“不盲目创新”等观点的客观性与务实性。

微语录

企业的研发与创新要紧密结合市场需求，

否则将难以为企业带来预期的经济效益。

创新的宗旨是什么

那么什么是创新呢？一个是面对全人类来说的，一个是具体面对我们公司来说的。如果人类给你发奖金，你就面对人类去做吧。因为待遇是我们公司给你发的，所以你要面对公司的核心竞争力来提升，才能给你评价！有人可能不太接受我的观点，说我在做着完全的创造发明，和凡·高的画是一样的，也可能死了多少年之后，一张纸可以卖到2 000多万美金，如果你留下遗嘱的话，我们会忠实地将这笔钱转给你的受益人。

但我们毕竟是企业，凡·高当时不被社会所接受是受历史的局限和传播产生的影响。而在现实社会中，被埋没的很少，因为我们处在一个信息社会，传播速度很快，你只要有真实想法，人们一定会认识你。所以对创业创新，具体到我们公司，现阶段就是这样定义的。

——摘自任正非的文章《创新创业必须以提升企业核心竞争力为中心》

对于企业的研发创新，任正非认为，创新必须围绕产品如何能够适销对路来进行，只有这样，才能使产品更加适应市场，并进一步使企业在市场中更好地立足。对此，正如任正非所说："在设计中构建技术、质量、成本和服务优势，是我们竞争力的基础。日本产品的低成本，德国产品的稳定性，美国产品的先进性，是我们赶超的基准。"

基于此，任正非强调企业要紧紧抓住产品的商品化，一切评价体系也都要围绕这项产品的商品化来进行。唯有这样，才能使企业在市场中发展成熟，也使研发团队更好地成熟起来，而不是整日埋头研究，不闻天下事。

因此，在华为，产品经理不仅要对产品的研发负责，还要对产品的生产、售后负责到底，这其实是贯彻产品生命线一体化的管理方式。这种做法，可以使管理者建立起商品意识，将科研成果更好地转化为能够推到市场上的产品，尤其是开发出受市场欢迎的产品。

其实，这种理念也是一种对客户负责任的态度。比如，在2003年上半年，华为在吉林移动通信公司的设备连续发生多起质量事故，还有服务上的不到位事故。为此，从2003年下半年开始，华为的长春办事处对吉林移动智能网的设备维护工作进行了24小时的监控，以防止之前发生的事故再次发生。同时，华为的研发部门还和吉林移动、华为全球技术服务部、市场部共同成立了“吉林移动智能网联合工作小组”。这个工作小组不仅要攻克技术上的难题和漏洞，还要解决客户的需求，以及根据客户的要求制定相应的研发方案。最终，华为的工作获得了客户的认可与好评。

从这件事情中，我们可以看出，研发人员除了要在研发环节负有相应的责任，在其他环节，比如售后环节，仍然要及时跟进客户的需求，以及解决相应的问题。可以说，华为的研发人员要与市场保持对接，这样，企业的产品在市场上受欢迎，以及受到客户的认可，自然有助于提升企业的生命力与核心竞争力。

其实，华为在研发上确立产品负责制是有一个转化过程的。在华为发展的早期，也曾经有过追求对科研成果负责的阶段，尤其在1996年前后，华为有些研发人员，为了出科研成果、追求成就感，喜欢标新立异，便刻意为创新而创新，对客户的感受关注度不够，对老产品的改进与稳定也存在关心不够的情况。

对此，任正非告诫大家，企业创新就是要使产品成为商品，而不是搞学术研究，若以学者的态度对待产品创新，那就大错特错了，华为要做的是“工程商人”。因此，对产品的工艺改进和质量提升决不能动摇。

同时，任正非还强调，能够对老产品予以规范和改进，也是一种创新，那种纯粹为追求创新而创新、脱离市场的创新活动，则是一种无情地消耗企业有限资源的行为，必须改变。另外，创新还要有度，要考虑到客户当下的接受程度，不能领先市场太快，否则即使创新了，也可能会面临客源的问题，所以在创新中，能够“领先对手半步”即可。

为此，任正非说：“那种刻意为创新而创新，为标新立异而创新，是我们幼稚病的表现。我们公司大力倡导创新，但创新的目的是什么呢？创新的目的在于所创新的产品的高技术、高质量、高效率、高效益。从事新产品研发未必就是创新，从事老产品优化未必不能创新，关键在于我们一定要从对科研成果负责转变为对产品负责。”

是的，企业要以客户为中心，最终还是要具体化为对产品负责，因为产品将最终由客户来使用。正如有一次，任正非去美国贝尔实验室考察交流时，对方问了任正非一个问题：“华为为什么能成功？”

任正非回答道：“因为华为理解了中国客户的需求。”

的确，企业只有懂得客户的真实需求，并研发出客户需求的产品，再提供优质的服务和能够接受的价格，才能使企业的客户越来越多，进而使企业长盛不衰。

微语录

创新的宗旨是提供适销对路的产品，从而持续提升企业的生命力与核心竞争力。

在老产品上改进优化也是创新

我们很快要开展什么叫作核心竞争力、什么叫作创业、什么叫作创新的大讨论。我希望每个人都要发言，特别是你们做了小改进的。你光看他搞了一个新东西那不是创新。我刚才讲了研发系统，有些项目研发的时候连一个简单东西都自己开发，成本很高，他不是创新，他是消耗、浪费了公司的宝贵资源。

一个大公司，最体现降低成本的措施就是资源共享。人家已经开发的一个东西我照搬过来装进去就行了，因为没有技术保密问题，也没有专利问题，装进去就行了，然后再适当做一些优化，这样才是真正的创新。那种满脑子大创新的人实在是幼稚可笑的，是没有希望的。

——摘自任正非在华为第二期品管圈活动汇报暨颁奖大会上的讲话

很长时间以来，“创新”成为整个社会的一个热门词汇，各个企业也无不追求创新。诚然，创新是很重要的，关系到企业的竞争力与未来发展。那么，企业应该追求怎样的创新？如何才能使创新不再仅仅停留在口号上，而是贯彻到实际工作中？任正非在长期带领华为发展的过程中，对创新的理解逐渐形成一个严谨而务实的体系。

任正非曾说：“什么是最好的科研成果？请看看都江堰几千年后还在流

淌，还在孕育川西大地；而两河文明、古罗马的水渠已荡然无存。因此，伟大的发明并不一定稀奇古怪，故弄韵律的歌总唱不长……任何一个发明不是你转了多少个弯，搞了多少标新立异，出了多少自我设想的东西，而是对人类社会和对现实生活有意义，才是有用的东西。”

因此，创新并不意味着一定要开发全新的产品，能够在老产品上进行优化也是创新。对此，任正非举例说，一个老的软件产品，其中有99.99%是很好的，但却有一点不稳定，那么，把这个老产品完全推倒重来未必是最好的解决方案。相反，能够解决那0.01%问题的人，才是真正的高水平。因为，对老产品的改进，需要一种敏锐的认识，而这又建立在对老产品了解透彻的基础上。另外，改良性的创新，还在很大程度上避免了公司的重复投入，可以为公司节省大量费用。

同样，华为对创新的认识，也经历了一个摸索的过程。这点可以在任正非的一篇文章《华为与对手做朋友，海外不打价格战》中反映出来：“我们提倡不盲目创新。我们曾经是盲目创新的、非常崇拜技术的公司，曾经不管客户需求，研究出好东西就反复给客户介绍，客户说的话根本听不进去，所以在交换机上，我们曾在中国市场出局。后来我们认识到自己错了，及时调整追赶，现在交换机也是世界第一了。”

基于此，任正非主张资源共享，要让有限的资源发挥其最大的功效。其实，很多产品的技术部分是相通的，不需要完全的创新，只要能够予以调用即可，这样不仅有利于提高研发效率，还对降低研发成本有帮助。对此，任正非说：“华为公司拥有的资源，你至少要利用到70%以上才算创新。每一个新项目下来，就应当是拼积木，只有最后那一点点才是不一样的，大多数基础都是一样的。由于一些人不共享资源地创新，因此导致我们很多产品进行了大量的重复劳动，根本就不能按期投产，而且投产以后不稳定。”

所以，任正非并不提倡那种孤军奋斗似的创新，而鼓励创新中的交流性与“拿来主义”精神。在华为内部，技术上的创新并不单单是大力研发全新的产品，也可以是技术上的组合。我们以华为研发的移动智能网项目为例，华为把移动智能网技术和iPhone结合起来，使两者合二为一，充分利用了智能网的优势，丰富了iPhone的功能，从而获得了很多客户的大力支持。

此外，在华为的内部，任正非主张各个部门要相互开放，大家要充分利用对方的资源，各个部门的人不能将自己的创新或失败“秘而不宣”，而要大大方方地让别的部门的人知道，从而供大家相互学习和借鉴。这样也可以避免在研发产品时，大家都开发一些同类的产品，从而避免人力、物力、财力等资源的浪费。

其实，注重对老产品的持续改进与再开发，某种程度上会比全新的发明获得更好的市场效益。比如，日本索尼（Sony）公司曾在1953年引进美国贝尔实验室发明的半导体晶体管技术专利，并在此基础上进行了一系列创新，于次年研制出了日本最早的晶体管收音机，并成功地将该产品打入市场，获得了很好的市场效益，索尼公司也借此进入了突飞猛进的快速成长期。

因此，任正非认为，华为的技术研发，既要重视整合内部资源，还要重视整合外部资源。对于将外部一些成熟的技术拿过来为己所用，华为通常采取两种方式，即收购公司或者支付专利使用费。可见，华为的成功告诉我们一个道理：研发与创新务必要在坚持资源共享的基础上，实现效益的最大化。

微语录

创新要注重对已有资源的充分利用和吸收，要注重投入产出比。在此基础上，对老产品的优化和改进也是企业的一条重要创新之路。

创新有风险，不创新必然被淘汰

知识经济时代，企业生存和发展的方式，也发生了根本的变化，过去是靠正确地做事，现在更重要的是做正确的事。过去人们把创新看作是冒风险，现在不创新才是最大的风险。

……社会上对我们有许多传闻，为我们的经营风险感到担忧，只有我们自己知道我们实际是不危险的，因为我们每年的科研和市场的投入是巨大的，蕴含的潜力远大于表现出来的实力，这是我们敢于前进的基础。公司十分注重内部管理的进步。我们把大量的有形资产变成科研成果和市场资源，虽然利润暂时下降了，但竞争力增强了。

——摘自任正非的文章《华为的红旗到底能打多久》

2001年，37岁的联想集团“少帅”杨元庆到华为参观时，对任正非提起过联想集团想加大研发投入、进一步提升科技实力的想法。时年58岁的任正非则语重心长地说：“开发可不是一件容易的事，你要做好投入几十个亿，几年不冒泡的准备。”

言外之意，创新要承担一定，甚至很大程度的风险。的确，任正非在带领华为发展的初期，为了研发、生产出自己的产品，将创业前几年的资金积累陆续投入进去，资金链险些断裂，最终通过研发成功，获得市场效益而崛起。所以，对于创新带来的发展机遇以及其潜在的风险要素，任正非是有深刻体会的。

但从总体上来看，创新是大方向，企业决不能畏惧风险而放弃创新。从国际市场上来看，企业竞争主要依赖两个方面：一个是成本优势，另一个是技术创新的优势。从长远来看，技术创新的优势是最主要的。

对此，任正非早在1996年7月的一篇文章《再论反骄破满，在思想上艰苦奋斗》中说："为了拓展明天的市场，每年从销售额中提取10％作为研究经费，紧紧抓住战略发展不放。1996年研究经费达1.8亿。1997年会达3亿～4亿，本（20）世纪末会达8亿～10亿。只有持续加大投资力度，我们才能缩短与世界的差距。"

可以说，创新对每个企业来说，都是需要花大力气来面对的，尤其对于通信行业来说，创新甚至关系到企业的生死存亡。这是因为，通信行业几乎每一年都有大的创新和突破，技术变革可谓日新月异，发展非常迅猛。比如，早期在通信市场上出现的"大哥大①"，笨重、不方便、价格还非常昂贵，后来发展成了轻巧灵便、价格便宜的手机，以及现在安装了操作系统、功能更为强大的智能手机；人们以前通过邮递信件来传递信息，后来用电报机传信，再后来有了电脑和互联网，人们可以更加便利地通过QQ、MSN、微信等即时聊天软件进行文字、语音、视频等多种形式的信息交流。

从总体上来说，通信行业是一个创新非常活跃的行业。华为作为一家通信设备供应商，在通信行业中处于非常重要的环节，自然也面临巨大的创新压力。为了确保持续对研发创新的投入，在任正非的倡导下，"按10%拨付研发经费"郑重地写进了1998年出台的《华为公司基本法》中。

对研发创新的重视，任正非可谓是从华为诞生时就开始的。华为刚开始

---

① 大哥大，最早由美国摩托罗拉公司于1973年发明，是手提电话初期的俗称，因其体型较大，所以被俗称为"大哥大"，还被俗称为"砖头手机"；随着手提电话日益改进为人们便于携带、体型较小的款式，"大哥大"退出人们的视野，人们更多地称呼手提电话为"手机"。

的时候，还没有什么技术突破，只是做一些代理商的工作，但任正非坚持认为要有自己的过硬技术才能在市场上站稳脚跟。为此，任正非对研发给予了很大的投入。一个典型的表现是，华为创立的初期，直接生产人员不到200人，从事研发工作的人员则高达500多人。那时，要养活这500多个研发人员，对起步时间还不长的华为来说，的确是个不小的压力。但任正非认为，技术领先是企业持续发展的根本，尤其对于华为这样的技术型企业来说更是如此，所以一定要确保对技术研发与创新的投入。

1995年，我国当时的邮电部门全网采用了华为研制的7号信令，从而使得华为的技术优势得以凸显，华为也随之走上了技术研发规模化的道路，并在市场竞争中显示出越来越强的实力。回过头来看，任正非当初几乎将所有资金都砸在技术研发上面，这种看似“孤注一掷”的“偏执狂”行为，终于有了成效，并奠定了华为发展的根基。

所以，在企业经营中，创新总要承担一系列未知的风险，但也可以享受到一系列发展的机遇；如果不创新，则等待企业的只有被淘汰。至于如何创新，正如任正非所说，企业的创新，要为提升自身的核心竞争力来进行服务。

微语录

企业唯有务实地创新，才能不断地提升自身实力，从而具备持续的发展力。

合作使创新更加快速有效

这十年，也是西方著名公司蜂拥进入中国的十年。其实他们不仅是竞争者，更是老师与榜样。他们让我们在自己的家门口遇到了国际竞争，知道了什么才是世界先进。他们的营销方法、职业修养、商业道德，都给了我们启发。我们是在竞争中学会了竞争的规则，在竞争中学会了如何赢得竞争。

世界范围内的竞争者的进步和发展咄咄逼人，稍有松懈，差距就可能再次拉开；而且国内同行的紧紧追赶，使我们不敢有半点怠惰，客观上促进了我们的快速进步。既竞争又合作，是21世纪的潮流，竞争迫使所有人不停地创新，而合作使创新更加快速有效。我们不仅与国内竞争对手之间互相学习，而且与朗讯、摩托罗拉、IBM、TI[①]等十几家公司在未来芯片设计中结成了合作伙伴关系，为构建未来为客户服务的解决方案共同努力。

竞争对手多方位、多层次的竞争，逼得华为不敢有任何一点疏忽。稍有不慎就会落后。当我们拼死拼活往前赶的过程中，公司就不可能出现太胖的羊、太懒的羊。一个充满危机感，又有敏感性，又无懒羊拖累的公司是一定能生存下来的。要达到这样的境界，不仅技术上要不断创新，更要管理上不断创新。

——摘自任正非的文章《创新是华为发展的不竭动力》

---

① TI，全称为Texas Instruments，可译为“德州仪器”，成立于 1930年，总部位于美国德克萨斯州的达拉斯，世界著名的数字信号处理与模拟技术半导体供应商。

俗话说：“同行是冤家。”很多时候，当一个企业遇到一个强大的竞争对手时，总会绞尽脑汁地去想着如何战胜对方，却未能将竞争对手当作学习的榜样。在这方面，任正非可谓是一个例外。

在带领华为发展的过程中，任正非一贯主张向优秀的企业学习，包括自己同行的“冤家”——竞争对手。因此，华为从创立开始，就始终在寻找自己与优秀企业之间的差距，并不断弥补。比如，华为刚开始没有自己的产品，就努力研发自己的产品，提升自己的技术实力；后来发现自身的管理相较于竞争对手有差距，便进行管理改革，实施全面质量管理体系等，从而不断弥补自己的不足，并逐渐发展壮大起来。

到1998年，华为已经成为国内最大的电信设备供应商，但任正非并未因此而停下向别人学习的步伐，并清醒地认识到华为只是在“非主流市场上打了一场小胜仗”，与西方那些成熟的跨国企业相比，还有较大差距，因此华为仍需要向这些跨国企业学习，以获得更大的发展空间。

实际上，早在1992年的时候，任正非就开始密切关注那些世界顶级企业是如何管理的，为此曾远赴美国、德国等西方国家进行考察，还走访了阿尔卡特、西门子等行业中处于领先地位的公司，学习他们先进的管理技术。

1997年，任正非又陆续拜访了美国休斯、IBM、贝尔实验室和惠普等公司，这一系列近距离的接触令任正非大为震撼，也给了任正非很多触动和启示。在经过内部的深思熟虑与反复协商讨论后，任正非对华为提出了一系列改造计划，这场改造活动从1998年开始，基本上是在华为创立10周年之后，使华为员工开始进入全面学习西方经验、不断反省自身、持续提升内部管理的新阶段。

关于为什么要大力推动公司的管理创新，任正非曾深有感触地说：“纵观美国信息产业的兴亡史，令人胆战心惊。五百年春秋战国如果缩到一天内进行，谁是英雄？巨大的信息潮，潮起潮落，随着网络技术与处理技术的进步，新陈代谢的速度会越来越快。因此很难再有盖棺定论的英雄，任何过路的豪杰都会对信息业的发展给予推动。我们应尊重他们，学习他们，批判地继承他们。”

其实，华为不仅向竞争对手学习，还与竞争对手积极开展合作。比如，华为进行的内部管理创新，便是基于同IBM的合作而展开的。在与IBM的合作中，华为逐渐实现了任正非提出的“要走规模化、搞活内部动力机制、加强管理与服务的战略出发点”。

正是因为任正非能够虚心向优秀企业学习，注重建立合作伙伴关系，所以华为才能始终保持稳健的发展和旺盛的生命力。

微语录

敏于向优秀的竞争对手学习，注重构建合作伙伴关系，将有利于企业整体创新活动的开展。

第八章

财务管理：
成本控制比扩大市场更有效

·任正非说·

企业通过对成本的控制获得盈利，比开拓市场来得更有效。
未来的竞争就是成本的竞争。成本的控制永远没有停止的时候，
因为华为一旦不注意成本的控制，就会被竞争对手超过，为了保持华为的领先地位，
华为必须持久地坚持对成本的控制。

管理中最难的是成本控制。没有科学合理的成本控制方法，
企业就处在生死关头。全体员工都要动员起来，优化管理，
要减人、增产、涨工资。明年生产要翻一翻，但人员不一定要翻一翻。

我们生存下去的唯一出路是提高质量、降低成本、改善服务。
否则十分容易被外国垄断集团一棒打垮。

管理中最难的是成本控制

管理中最难的是成本控制。没有科学合理的成本控制方法，企业就处在生死关头。全体员工都要动员起来，优化管理，要减人、增产、涨工资。明年生产要翻一翻，但人员不一定要翻一翻。从管理中要效益，只有在管理上进步了，我们才可能实现机关干部与研究、市场同工同酬。

——摘自任正非于1996年6月在华为“市场庆功及科研成果表彰大会”上的讲话

在企业管理中，对成本的控制非常重要。可以说，节省出来一部分本不需支付的成本，就可以直接转化为利润；相反，成本的过多支出，则必然损害利润，进而危及企业的发展能力。所以，任正非很重视成本控制，这一点对于长期保持高速增长的华为来说特别重要，因为只有控制好成本，华为在一系列市场竞争中才能有好的胜算。

尤其是华为在1998年开始大规模进军海外市场后，每一分钱都变得非常重要。我们回顾华为过去的发展之路时，看到华为长期体现出“高收入、高投入”的状况，快速的增长往往伴之以大量的投入，这使得华为常是“杀敌一千，自损八百”，在增加市场份额的同时，华为也付出了巨大的成本代价。随着市场竞争日益激烈，成本控制的重要性更加凸显。有些时候，即使获得了市场收入，但要是成本支出更多，也会导致企业亏损。

为了检查成本方面的控制情况，任正非会经常仔细查阅企业的各项财务报表。其中，任正非认为，抓好对办公费用和差旅费用的合理性和有效性管理，相当于卡紧了成本支出中的两个“水龙头”。他这样说：“我看了财务报表，去年办公费用和差旅费用的增长率均远远快于收入的增长率，我们已经成为运作成本高的公司，这种状况与我们所面临的竞争压力是极其不相称的，一定要降下来。我们在一段时间内也不要抓太多指标，不能做‘千手观音’。当前就主要抓两项：一个是办公费用，一个是差旅费。抓降低费用，不是简单化一刀切，而是要重点抓办公费和差旅费的合理性、有效性。”

在这里面，任正非指出，客户接待工作一定要明确目的，加强策划，在这个前提下，重要客户的接待质量不能削弱，该花钱时还是要花钱；但是在企业聚焦度加强的同时，客户接待的总体数量要适当减少。其中，国内客户到国外考察要严格控制，国外客户到中国考察也要加强控制；陪同非客户人员出国要进行严格审查，非决策层客户的费用一定要保持合理水平，不能盲目抬高标准。

任正非还强调，华为是一个商业组织，一切费用支出都必须对企业的生存发展做出贡献，否则进行严加控制。为了预防超支现象的出现，任正非规定，所有陪同非客户人员花的费用，以及那些超过规定的支出项目，全部要由客户经理自己来承担，不准报销；对于那些用公司的资金去建立个人客户关系的，一经发现要严肃处理。

关于如何有效地降低费用、合理缩减成本，任正非说，这主要是通过减少无效劳动、提高劳动效率、严格劳动纪律来实现。企业务必要保证员工的有效工作时间，对于工作量还不饱满的员工要加大调整与辞退力度。任正非认为，尽管很多员工每天工作8个小时，但关键是这个8个小时里，有几个小时在做着有效的劳动？对于那些正常工作时间内，做工作以外事情的员工，要加大管理与惩治力度，这在某种程度上也是一种成本控制。

比如，华为曾经开除了一个外派地区部的财经员工。该员工在上班时间经常处理个人事务、聊天，一个月竟然超额打了1 6000元的电话。这些花出去的成本，并未用在对公司的贡献上，因而是对公司资源的严重浪费与透支。

为了更好地提升成本所带来的效益，任正非强调投入产出比的重要性。因为从根本上来说，企业开展经营，必然会伴随成本的支出，只有带来成比例的收益，企业才有可能维系下去。因此，企业内部一定要制定绩效目标，各部门的一把手要对绩效目标负责。当然，由于市场处于变化当中，因此绩效目标在执行中可能会与预期有出入，比如目标的实现幅度可能会大些或小些，但一定不能没有改进。

只有控制好投入产出比，企业才能保证自己的利润率。任正非认为，华为在销售额增长的同时，经营性净利润率要保持不能低于6%，只有这样，企业才能生存下来；否则就很难抗拒风险，很可能在一些市场变革中倒下。

为此，任正非多次强调："降成本的口号和措施要喊响，要在公司排山倒海地宣传，要在降低费用、提高利润方面下功夫；否则，我们无法存活下去。"

微语录

企业在经营中要重视成本控制，重视投入产出比，这是企业增强盈利能力与发展能力的关键前提。

并非所有成本都得降低

1996年最突出的是开始了各种干部考核制度的试行。全面地开展大比武，创造优秀人才脱颖而出的大环境，对劳动态度、敬业精神、责任心、团结合作进行了大规模的评比，用物质文明的手段促进精神文明的发展。《华为公司基本法》关于人力资本的增值大于财务资本增值的观点得到了认同。人才是企业的财富，技术是企业的财富，市场资源是企业的财富……而最大的财富是对人的能力的管理，这才是真正的财富。

——摘自任正非的文章《自强不息，荣辱与共，促进管理的进步》

华为在发展中长期坚持对科研、客户服务等方面的投入，这些投入均是为了增强企业发展的实力；同时，为了避免无效的开支，华为非常重视对成本的控制，对于企业内无效浪费企业资源的行为，严加抵制与处理。从表面上来看，华为似乎长期在过着“紧日子”。

但是，对华为来说，那些有益于企业长期发展的投入，是一定要做的。在这方面，成本要让位于对企业发展能力的培养。用任正非的解释来说，就是有些不必要花的钱，能省就省；对于那些该花的钱，华为一定要“不差钱”。

在华为的成本投入中，有很大一部分是用于对人才的培养与管理。比如，华为每年都要从高校里招入一大批毕业生，仅1997年华为招入的应届毕业生就达到7 000人。尽管这些刚毕业的大学生还缺乏相应的工作经验，但却有很大的潜力。当然，要将这些潜力挖掘出来，达到华为的发展要求，必然需要一大笔培训开支，而且员工受训的时间越长，企业承受的资金负担就会越大。

不仅如此，员工培训后正式上岗，华为还为员工提供了极具竞争力的薪资待遇。这一系列投入或许从短期来看，无法产生效益，但从长远来看，却为企业发展提供了一批难得的生力军。

任正非在经营企业的过程中，对人才的渴求是极其强烈的。这是因为，企业的尖端技术是由人才研发出来的，而企业的核心竞争力在一定程度上与技术实力有很大关系。因此，企业加大对人才的投入，集聚优秀人才，无疑能够增强企业的知识力与竞争力。

因而，任正非提出的“人力资本增值要大于财务资本增值”，意味着华为对人力资本的投入比例要超过在公司盈利等方面的投入。的确，华为在人力资源方面的投入，经常伴随着“大手笔”的动作。

比如，在2004年元旦前，广州大学敲定在大学选修课程中设置关于华为产品的相关课程，并由华为免费提供价值200万～300万元人民币的产品设备。学生通过选修相应的课程，可以更加直接地了解到华为的通信产品。作为回报条件，华为可以从中挑选相应的合格者，以扩充华为未来发展的后备军。

这样的培训，每个人的成本接近1万元人民币，而类似规模的培训在华为每年要进行成千上万项。据不完全统计，华为仅此一项培训支出，每年就要支出上亿元。

另外，华为公司还为员工提供了完整的培训体系，包括新员工培训系统、管理培训系统、技术培训系统、营销培训系统、专业培训系统、生产培训系统等。为了保障培训质量，华为在培训中集成了一流的师资队伍、一流的教学设备和环境、一流的技术水平，并拥有专、兼职培训教师千余名。

比如，建在华为深圳总部的培训中心占地面积13万平方米，拥有含阶梯教室、多媒体教室在内的各类教室110多间，能同时进行2 000人的培训。教室的装备和设计充分满足教师的授课需要。为了使受训学员有一个好的生活环境，华为在培训中心还建了三星级学员宿舍、餐厅、健身房等生活、娱乐、体育设施，从而为学员提供了适宜的学习和生活条件。

华为员工在培训中主要学习的内容包括课堂教学、案例教学、上机操作、工程维护实习和网络教学等多种教学形式，广泛采用多媒体教学，还逐步发展了基于网络技术的远程教学，从而使学员无论何时何地，都可以受到华为系统化、个性化的培训。

可以说，华为从创立以来，近30年的快速增长，很大程度上受益于任正非提出的“持续保持人力资本增值”的管理理念；而越来越多高素质的员工，又进一步稳固与开拓了华为的发展成果，确保了人力增值与企业发展的良性循环。

微语录

企业的利润由人才创造，企业的核心竞争力也源于人才。所以，企业对人力资源的投资决不能放松。

铁三角：预算、统计与审计

每个员工都要投入到《华为公司基本法》的起草与研讨中来，群策群力，达成共识，为华为的成长做出共同的承诺，达成“公约”，以指导未来的行动，使每一个有智慧、有热情的员工，都能朝着共同的宏伟目标努力奋斗。使《华为公司基本法》融于每一个华为人的行为与习惯中，我们正在强化业务流程重整的力度，用ISO9001来规范每一件事的操作，为后继的开放式网络管理创造条件；用MRPⅡ管理软件，将业务流程程式化，实现管理网络化、数据化，进而强化我们公司在经营计划（预算）、经营统计分析与经营（经济）审计上的综合管理。

——摘自任正非的文章《再论反骄破满，在思想上艰苦奋斗》

为了进一步做好成本控制，任正非要求对项目实行项目全预算制，项目大小按对公司的贡献来定，而非仅以规模来定。在对项目预算的管理上，任正非强调，应把项目预算管理与对项目经理的绩效考评联系起来。在这方面，任正非以他惯常的“军事术语”形象地说：“项目拿着钱去买‘炮弹’，供应链把‘炮弹’卖给你，机关把服务卖给你，公司向你要预算。你们拿钱购买资源……现在功能部门没有预算的压力，他们没有把资源卖到项目里面去的动力，这就是机关庞大的原因。所以要有项目计划、预算的管理，项目做完要核算，项目有没有赚钱，赚了多少钱还是亏损了多少钱，这就是对项目经理的评价。”

在项目预算方面，华为按照每个项目对公司的贡献大小来区分，并相应地分配资源。由于华为的主要销售收入来自于海外，因此，华为在海外设有很多代表处，那么，这些代表处是以所在国家的大小来划分级别的吗？不是的。任正非主张不能以国家大小来定代表处的级别，而要以贡献来定。

对于企业来说，什么叫大项目？任正非一针见血地指出：赚大钱的是大项目，赚小钱的是小项目。因此，项目大小与对公司产生的价值相关，而不是完全与规模相关。小项目可以变成大项目，小代表处也可以变成大代表处，关键在于对项目的深入挖掘，包括持续地提升客户满意度。

在预算的基础上，华为还对各项指标加强统计与审计，从而加深对预算实现程度的认识，并对项目执行中出现的问题予以及时解决。这不仅有助于控制成本、有效地考核干部的业绩，还能起到另外一个作用，那就是遏制企业发展中出现的不良行为，尤其是腐败行为。

比如，在2014年8月，华为首次召集经销商在深圳总部开反腐大会。用华为的话说，就是对于腐败行为“有必查，查必彻”。当然，这种调查，与华为的统计与审计是紧密相关的。结果，经查实，华为内部有116名员工涉嫌腐败，其中4名员工移交司法处理，另有69家经销商被卷入其中。

在华为的这次“反腐风暴”中，一位华为办事处的负责人因涉嫌受贿，在旅游时被抓，这名负责人下面的工作人员也多有牵连。华为之所以加大审计力度，甚至不惜动用司法渠道，是因为华为深刻地明白，腐败将成为企业发展中的一颗毒瘤，会严重危及企业的未来。

正因如此，华为强调，诚实劳动是对员工的基本要求，一切钻公司漏洞、借职务便利牟私利的行为，都是公司不允许的。按照任正非的话来说就是：“对内部腐败零容忍，坚决反对，高度一致，腐败没有灰度……要通过‘查、处、管、教、法’使得腐败行为‘不敢、不想、不能’，让干部和员工健康成长。”

的确，任正非对企业内部的反腐败行为也非常重视。在2013年初，在华为的董事会自律宣誓大会上，任正非就意味深长地指出，华为最大的风险不是来自外部，而是来自内部。不久，任正非又再次强调，没什么可以阻挡华为公司的前进，唯一能阻挡的“就是内部腐败……腐败就是毒药”。任正非还在华为内部多次表示，如果任由腐败发生，不在制度上做更多改进和强化教育，公司就会走向灭亡。

总之，做好企业的预算、统计与审计，不仅有利于成本控制，还能积极促进与提升企业的管理水平、遏制不良现象的发生，从这个意义上说，预算、统计与审计好比一个铁三角，牢牢护卫着企业的健康发展。

微语录

企业要加强对预算、统计与审计的管理，

从管理中要效益、谋发展。

做财务的也要懂业务

财务干部要懂些业务，业务干部应知晓财务管理。有序开展财经和业务的干部互换及通融，做财务的要懂业务，做业务的也要懂财务，混凝土结构的作战组织，才能高效、及时、稳健地抓住机会点，在积极进攻中实现稳健经营的目标，使公司推行的LTC①、IFS②能真正发挥作用。通过闭环管理来完善干部的考核与选拔。

——摘自任正非在华为公司2013年度干部工作会议上的讲话

一个企业如果要高速运转、提升工作效率，进而降低运营成本，就离不开各部门的协作配合。假如部门之间协作乏力，就会往往成为影响企业发展的最大阻力。尽管很多人明白这个道理，但仍有不少企业中还是存在这样的问题，其中的一个重要原因，就是人们的思维方式与思考角度出了问题。

为此，任正非强调要在中层干部之间实行轮岗制度，从而让一个部门的管理者充分体验其他部门的工作情况，进而通过岗位轮换，使干部形成换位思考的良好习惯，培养各部门的协作精神，以促进企业的和谐发展。

① LTC，全称为Lead to Cash，可译为“从线索到回款”。

② IFS，全称为Integrated Financial Service，可译为“集成财经服务”。

实际上，在华为内部，一直实行着岗位轮换制度，几乎所有员工都有轮岗的经历。对此，华为还明确规定，中高级干部必须强制轮换。

其实，华为的每一位中高层干部几乎都有过岗位轮换的经历。我们不妨以华为现任董事长孙亚芳为例，她于1989年加入华为，先后担任过市场部工程师、培训中心主任、采购部主任、武汉办事处主任、市场部总裁、人力资源委员会主任、变革管理委员会主任、战略与客户委员会主任、华为大学校长等职，从1999年起担任华为公司的董事长。

因而，华为员工对于调换工作和部门可谓习以为常。当然，被调换的原因有很多，可能是在原岗位上业绩不佳，有更理想的人可以将其取代，也可能是业绩非常突出，需要到新的岗位上把好的经验推广出去。通过这种岗位轮换，华为不仅使员工和干部掌握了多种技能，培养出适应力强、综合素质高的人才，还促进了各部门之间、业务流程之间的协调配合，起到了很好的管理效益。

华为的人才内部流动制度，使得人力资本的价值发挥到最大，确保了华为即使面临动荡的外部环境，也不会受到任何内部的干扰，仍然保持高速发展。对此，曾有员工这样评价华为的轮岗制度：华为的每一名员工就像是一台精密仪器中的螺丝钉，无论谁离开，都会马上有合适的人补充上来，所以任何个体的离去，对整台仪器的运转都不会产生任何影响。

实际上，这也正是任正非所追求的一种管理状态，即摆脱企业对单个人的依赖，靠制度维系和推动企业的整体运转。按照任正非的话说便是："我们要逐步摆脱对技术的依赖、对人才的依赖、对资金的依赖，使企业从必然王国走向自由王国，建立起比较合理的管理机制。当我们还依赖于技术、人才和资金时，我们的思想是受束缚的，我们的价值评价与价值分配体系还存在某种程度的扭曲。摆脱三个依赖，走向自由王国的关键是管理。企业通过有效的管理构建起一个平台，使技术、人才和资金发挥出最大的潜能。"

诚然，企业内部的岗位轮换，不仅有利于丰富员工的技能，还有利于打破部门之间只管自己“一亩三分地”的陈旧观念，从而增强员工对企业的整体了解，便于员工在工作中更好地相互配合，进而提升工作效率、降低财务成本的消耗。

微语录

企业内部要加强部门之间的交流，从而减少不必要的部门壁垒，促进企业业务流程更好地运转，这将有利于降低企业整体的运营成本。

谁有棉衣，谁就能活下来

大家总说华为的冬天是什么？棉袄是什么？就是现金流，我们准备的棉袄就是现金流。存在银行、仓库的钱算不算现金流呢？算，但钱总是会“坐吃山空”的。所以必须要有销售额。大家有时对销售额的看法也有问题。我卖的设备原来是100块钱，我90元卖掉了就亏10元，这种合同坚决不做。坚决不做呢，公司就亏损了23元，因为所有的费用都分摊了，在座的开会的桌子，屁股坐的椅子费用都分摊进去了，还要多拿23元贴进去才能解决这个问题，甚至可能还不止这个数。

如果亏了10块钱卖，能维持多长时间呢？就是消耗库存的钱。消耗，消耗，消耗，看谁能耗到最后。就是谁消耗得最慢，谁就能活到最后。市场是这种规律……所以说，现在对现金的把握是非常重要的。

几年前，我组织市场财经部，大家死都不愿意去，现在一看，市场财经部的人，哗啦啦老升官、升高官、到国外升官。没办法，不升他升谁呀？升你你不会呀。不升他，在国外那么大的合同，钱拿不回来怎么办？那是棉衣啊！

大家看市场财经部的人升得很快，心里不舒服，不舒服也得舒服。大家要转变啊，一定要转变啊！现在有市场经验的人也可以转到市场财经部。用你的思维方法做这个事的话，你会更有前途。纯粹的财务人员就没有市场人员有前途。因为国外销售有两个条件：一是把技术澄清了，讲清楚是怎么一回事；二是把商务讲清了，然后等着吧，中标OK。商务澄清不就是商务承诺、融资条件和手段吗？国外已变得越来越清晰，销售也越来越清晰。现在证明几年前进行市场财经的建设是正确的……所以我们要重视现金流。

——摘自任正非的文章《迎接挑战，苦练内功，迎接春天的到来》

企业管理者要常看三个财务报表，分别是资产负债表、利润表和现金流量表。其中，资产负债表主要反映企业在特定日期（如年末、季末、月末）的财务状况，比如有多少资产、有多少负债、净资产是多少等；利润表主要反映企业在某个期间（如年度、季度、月份）内经营损益的情况，比如是赚钱了还是亏损了等；现金流量表则主要反映企业在某个期间的现金和现金等价物的流入与流出。与前两个财务报表相比，现金流量表更具有实际意义，因为判断一个企业在经营方面活力充足与否的重要标准，便是看账面上是否常有资金流动。

如果企业拥有正资产，也处于盈利状态，但现金流很弱，也很可能构成企业资金链方面的紧张；相对来说，企业在经营中常有现金流，就可以扩大企业在资金链方面的应对空间，从而缓解企业在资金方面的压力。因此，一向有危机感意识的任正非，就非常重视现金流和回款。

其实，华为在开拓海外市场的时候，最先遇到的棘手问题，就是海外回款时间长、经营风险大等问题。这对要将业务拓展到多个国家和地区的华为来说，市场投入力度大，现金流的压力也随之增大。为了解决这个问题，早在2004年，在华为的海外业务正蓬勃发展之际，任正非很有预见性地设置了专门负责回款的市场财经部。

在此基础上，为了尽可能减少回款方面的危机，华为采取了三种方式应对海外业务的回款风险。一是在签订项目合同前，让对方先预付30%的预付款，抽样产品后再付40%的款项，剩下的30%则在全部交货后付清；二是针对一些比较特殊的国家，可以利用政府间的协议，比如要和一个石油国家有项目合作，华为可以通过中国政府与这个国家进行合作，中国和这个石油国家进行贸易交易，然后华为再从政府那里获得资金；三是针对非洲一些国家，利用当地的资源，华为和其他公司合作，进行风险平摊。

实际上，对现金流的高度重视，早在华为创业时期，任正非就有了深刻的认识。那时，华为长期被资金匮乏困扰，由于现金流不足，因此虽然曾有很多机会摆在眼前，但华为也无法施展拳脚，从而影响了华为早期的发展。不仅如此，在华为初期经营的困难时期，为了使企业渡过难关，任正非甚至还借过高利贷，带头只领一半工资，甚至不领工资，让财务给自己打白条。

所以，创业初期对资金的巨大需求，让任正非深深地认识到现金流对企业的重要性。基于此，任正非高度重视企业的回款能力，将充裕的现金流视为财务管理中一项非常重要的任务。正是这样，华为在后来的发展中才不至于受困在资金链上，这为华为的长期稳健发展赢得了契机。

微语录

企业只有长期保持充裕的现金流，才能增强在危机面前的抵抗能力。

第九章

制度化管理：
企业要实现流程化、制度化、规范化

·任正非说·

在管理改进和学习西方先进管理方面，我们的方针是“削足适履”，
对系统先僵化，后优化，再固化。

企业缩小规模就会失去竞争力，扩大规模，不能有效管理，又面临死亡，
管理是内部因素，是可以努力的。规模小，面对的都是外部因素，是客观规律，
是难以以人的意志为转移的，它必然抗不住风暴。
因此，我们只有加强管理与服务，在这条不归路上，才有生存的基础。

我们要的是成功，不是口号，有人说华为运行得平平静静，没什么新闻，
是不是没戏了。我们说这叫“静水潜流”。表面很平静的水流，
下面的水可能很深很急。华为现在很平静，说明公司已经逐渐规范化了。

向“蓝血十杰”学什么

“蓝血十杰”对现代企业管理的主要贡献，可以概括为：基于数据和事实的理性分析和科学管理，建立在计划和流程基础上的规范的管理控制系统，以及客户导向和力求简单的产品开发策略。

我们科学地掌握生产规律，以适应未来时代的发展，是需要严格的数据、事实与理性的分析的。没有此为基础，就谈不上科学，更不可能作为技术革命的“弄潮儿”。科学管理与创新并非是对立的，二者遵循的是同样的思维规律。

“蓝血十杰”为福特公司建立了财务控制、预算编列、生产进度、组织图表、成本和定价研究、经济分析和竞争力调查等，这些构成现代企业管理体系的基本要素。

——摘自任正非于2014年6月首次接受国内媒体集体采访时的讲话

所谓“蓝血十杰”，其原型是美国“二战[1]”时陆军航空队“统计管制

① 二战，即第二次世界大战，持续于1939—1945年，战争的一方是以德国、意大利、日本为首的轴心国法西斯集团，另一方是以英国、苏联、美国、中国为首的反法西斯同盟国，最后以同盟国的完全胜利而告终。这次战争波及全球61个国家和地区参战，20亿以上的人口被卷入战争，共造成7 000余万军民伤亡，是人类有史以来最大规模的全球性战争。

处”的十位后勤英雄。在美国刚参加“二战”时，美国空军后勤的供给管理还很乱。为了规范后勤管理，为前线提供补给保障，美国空军后勤部门增加了一个机构，叫作美国空军后勤“统计管制处”。当时，“蓝血十杰”中的查尔斯·桑顿、罗伯特·麦克纳玛拉等人就负责这个管制处的运作。

在整个“二战”过程中，“蓝血十杰”服役的这个统计管制部门，管理控制着美军空中力量的供给工作。为了做好后勤管理，他们利用精确的管理思想和管理行为，强力推行数字化管理。最后，这种科学的管理方法为美军节省了十几亿美元的耗费，很好地保障了美军在前线的战斗力。

“二战”结束后，很多退役美军回国，并面临着回国后再找工作的困境。这时，“蓝血十杰”这个由十名退役军官组成的团队，集体求职。他们还专门印刷了一种小册子，在里面说明他们在军中的工作经历，并说明这种工作经历将适用于企业管理。在这个小册子的左手边，陈述了他们的战时记录；在小册子的右手边，则说明将这些数字管理方法运用于企业的各种可能。

接着，“蓝血十杰”将这份资料印出多个副本，寄给了上百家公司。他们把自己的卖点定位于“曾经致力于有史以来人类所经历过的最大规模战争的全球性运作”，而且有着数年的规划、经营与管理经验。

在他们的资料发出后，便有数十家公司与他们接触。最后，经过激烈的讨论，“蓝血十杰”选择了福特汽车公司。他们当时之所以争论，是因为福特汽车公司在长期经营管理不善的情况下连年亏损，几近倒闭。选择到一家这样的“问题”企业去工作，若对于纯粹的就业而言，则显然有一定风险。

但最后，“蓝血十杰”坚信自己的管理模式能够帮助企业找到成功之路。于是，在1945年，“蓝血十杰”这十名退役军官加入福特汽车公司，很快，他们在福特公司建立起一整套科学的管理制度，为企业管理注入了新鲜的理念，从而使福特公司扭亏为盈、起死回生、再振雄风。于是，“蓝血十杰”的管理思想迅速传遍了美国，改变了“二战”后美国的商业管理理念，在企业界兴起了数字化管理的浪潮，并持续至今。

之所以将这十位退役军官称为“蓝血十杰”，是因为在欧洲古文化认为，贵族身上流淌着“蓝色”的血液，因而西方人多用“蓝血”泛指那些出类拔萃的青年才俊。在1945年退役时，这十位军官的年龄都不太大，在30岁左右，都有不同程度的建树，所以称其为“蓝血十杰”。在“蓝血十杰”中，后来走出了两任美国国防部部长、两任世界银行总裁、两位斯坦福商学院院长、八位企业总裁，因而“蓝血十杰”成为管理界普遍学习的榜样。

同样是军人出身、经营管理企业的任正非，对“蓝血十杰”的事迹曾进行过深入的研究，并认为在企业管理中，要重视规范化、数字化管理，要学习“蓝血十杰”从点滴做起，建立现代企业管理体系大厦的职业精神，学习他们敬重市场法则，在缜密的调查研究基础上进行决策的理性主义，从而使各部门、各岗位就其所承担的主要职责（业务管理、财务管理、人员管理）获得集成化的、高效的流程支持，进而促进企业的稳健发展。

微语录

企业管理中出了问题，一般都是因为在制度化管理方面存在不足之处。因而，加强制度化、数字化管理，是企业迈向科学管理的必经之路。

先僵化，后优化，再固化

华为公司从一个小公司发展过来，是在中国发展起来的，外部资源不像美国那样丰富，发展是凭着感觉走，缺乏理性、科学性和规律，因此要借助美国的经验和方法，借用外脑。我们现在向Hay公司买一双“美国鞋”（西方鞋），中国人可能穿不进去，在管理改进和学习西方先进管理方面，我们的方针是“削足适履”，对系统先僵化，后优化，再固化。

我们必须全面、充分、真实地理解Hay公司提供的西方公司的薪酬思想，而不是简单机械地引进片面、支离破碎的东西。我们有很大的决心向西方学习。在华为公司，很多方面不是在创新，而是在规范，这就是我们向西方学习的一个很痛苦的过程。正像一个小孩，在小的时候，为生存而劳碌，腰都压弯了，长大后骨骼定型后改起来很困难。因此，我们在向西方学习过程中，要防止东方人好幻想的习惯，否则不可能真正学习到管理的真谛。

……

此外，管理既要走向规范化，又要创新，又要对创新进行管理，形成相互推动和制约机制。结果也许是数十年、数百年才看得到。要告诉后代没有吃到最好的苹果，永远需要改进、完善，不能让他们将我们取得的方法神化，那样的话，整个操作就都毫无意义了。

——摘自任正非的文章《活下去是企业的硬道理》

20世纪90年代初，随着华为的快速发展，任正非意识到管理上的改革也将势在必行。1995年，当《华为公司基本法》刚进入初稿阶段时，任正非就在华为内部对公司存在的问题进行了分析，并认为要改革华为当时的管理状况。

那么，究竟该怎么改革呢？经过一番深思熟虑后，任正非开始向国外成熟的大企业“取经”，并希望能从那些大企业的发展得失中汲取有益的经验。为此，在1996年，任正非请美国Hay咨询公司香港分公司对华为进行评价，以了解华为应当采用什么样的管理模式。

在此基础上，1998年，任正非又亲自到美国考察，走访了休斯公司、IBM公司、贝尔实验室和惠普公司。在走访这些公司期间，任正非深切地发现，要向这些西方大企业认真学习，从而让华为少走弯路，因为这些大企业的经验很多都是他们付出数十亿美元的代价才总结出来的，华为一定要好好学习。

因此，在1998年《华为公司基本法》定稿后，任正非开始全面引进国际先进管理体系，包括花大价钱从IBM引进集成产品开发（Integrated Product Development，简称IPD）和集成供应链管理（Integrated Supply Chain，简称ISC），还将英国国家职业资格管理体系（National Vocational Qualification，简称NVQ）引为企业职业资格管理体系等，在华为全面开启制度化管理的改革。

为了能让管理改革获得成功，任正非制定了“先僵化，后优化，再固化”的方针，意思是说，华为员工在管理改革的初期，第一步先要全面接受新的制度，这就像任正非当时所说：“要穿美国鞋，就必须削足适履。”

比如，IPD在具体实施的时候就很困难，毕竟对旧习惯的改革不是那么容易。但任正非并未放弃，而是要坚决把这套管理体系推行到底。为此，任正非说：“IPD关系到公司未来的生存与发展，各级组织、各级部门都要充分认识其重要性，用‘削足适履’来穿好‘美国鞋’的痛苦，换来的是系统顺畅运行的喜悦。”

在员工接受并适应了新的管理系统后，接下来，华为根据自己的情况，对这套管理系统进行优化，打造一套更加适合华为、专为华为量身打造的管理模式，这才是任正非最终希望看到的结果。

2003年，几十位IBM专家从华为撤离，华为的管理改革创新项目算是暂时告一段落。截至2003年，为了促进管理改革，华为累计在软硬件方面的投入达十亿元以上，并最终为华为打造了一个适宜的管理体制。此后，随着华为的经营规模越来越大，IPD、ISC等管理系统日益显示出其优越性和重要性。应该说，如果没有当初任正非在管理改革上的坚持，华为可能难以满足后来日益增长的市场需求。从这点上来说，任正非对华为先进的管理体制发挥了重要的作用。

微语录

企业推行制度化管理时，要先有合理的制度，接着要执行下去，然后再对制度进行优化，最终形成企业不可分离的一部分。

均衡发展，抓短木板

在管理改进中，一定要强调改进我们木板最短的那一块。各部门、各科室、各流程主要领导都要抓薄弱环节。要坚持均衡发展，不断地强化以流程型和时效型为主导的管理体系的建设，在符合公司整体核心竞争力提升的条件下，不断优化你的工作，提高贡献率。

全公司一定要建立起统一的价值评价体系，统一的考评体系，才能使人员在内部流动和平衡成为可能。……我们重视技术、重视营销，这一点我并不反对，但每一个链条都是很重要的。

研发相对用服来说，同等级别的一个用服工程师可能要比研发人员综合处理能力还强一些。所以如果我们对售后服务体系不给认同，那么这体系就永远不是由优秀的人来组成的。不是由优秀的人来组成的，就是高成本的组织。因为他飞过去修机器，去一趟修不好，又飞过去修不好，又飞过去又修不好。我们把工资全都赞助给民航了。如果我们一次就能修好，甚至根本不用过去，用远程指导就能修好，我们将省多少成本啊！

因此，我们要强调均衡发展，不能老是强调某一方面。

——摘自任正非的文章《华为的冬天》

在管理中，有一个著名的“木桶理论”。意思是说，盛水的木桶是由多块木板箍成的，而盛水量并不取决于这些木板中最长的那一块，而是最短的那一块。只要这只木桶的木板中有一块不齐或者某块木板下面有破洞，这只木桶就无法盛满水。因而，“木桶理论”也被称为“短板效应”。

我们把“木桶理论”运用到企业管理中，如果把企业内的各个部门也看作一块块木板的话，就会发现，企业的软肋就是其中的短板，这个短板将会影响企业的正常发展，甚至在关键时刻给企业以致命打击。

比如，我们曾经听说某些企业因产品质量问题而最终倒闭，其原因可能是采购部门的原材料出了问题，或者生产环节出了问题，也可能是售后服务环节出了问题，引起顾客的屡次投诉等。由此可见，找出企业内部存在的短板，促进企业内部的均衡发展，对企业而言，有着重要的战略意义。

因此，任正非在华为的管理中，就非常重视短板问题，并一针见血地指出，所谓短板，就是企业发展中的劣势，要想在市场竞争中真正胜出，就必须找出短板，实现均衡发展。基于此，在2001年管理十大要点的发言中，任正非强调了“均衡发展”将作为华为管理任务的第一大要点。

在2001年6月，任正非从日本考察回来后，写了篇题为《北国之春》的文章。在文中，任正非再次提到了华为管理上的短板问题：

“华为组织结构的不均衡，是低效率的运作结构。就像一只桶，装水多少取决于最短的那块木板一样，不均衡的地方就是流程的瓶颈。例如，我们公司初创时期处于饥寒交迫，等米下锅。初期十分重视研发、营销以快速适应市场的做法是正确的。活不下去，哪来的科学管理。

“但是，随着创业初期的过去，这种偏向并没有向科学合理转变，因为晋升到高层的干部多来自研发、营销的干部，他们在处理问题、价值评价时，有不自觉的习惯倾向，以致强的部门更强，弱的部门更弱，形成瓶颈……但如果我们的价值评价体系不能使公司的组织均衡的话，这些部门缺乏优秀干部，就更不能实现同步的进步。它不进步，你自己进步，整个报表会好？天知道。这种偏废不改变，华为的进步就是空话。”

在意识到华为存在的这些问题后，任正非便不断学习先进的管理经验，推行均衡发展的管理理念，从而持续提升了公司的运营能力，增强了公司的竞争力。从这件事情当中，我们可以看到，任正非在管理上很重视总结，敏于发现问题，从而在企业内部营造了一种均衡发展、共同奋斗的良好氛围。

实际上，华为之所以崛起为通信设备巨头，与这种均衡发展、不断消除短板是有很大关系的。我们通过观察还发现，很多优秀企业，几乎都重视内部的均衡发展。举例来说，世界著名汽车厂商丰田公司，也非常重视挖掘短板、改进短板。在丰田汽车生产中心，管理者给了工人一个权力，那就是一旦发现问题，立即发出警示，以尽快提醒产品存在着潜在的问题，即生产中出现了短板。如果不能及时解决这些潜在的问题，丰田甚至会停掉整条生产线。正是对整条生产线的高度重视，促使生产线中的每个环节都能均衡发展，丰田才能越做越大。

诸如华为、丰田这样的世界一流企业，尚且如此重视企业内部的均衡发展，不断发现内部的短板，那么，对于其他企业来说，更是没有忽视瓶颈存在的理由。所以，任正非“均衡发展”的管理理念，值得很多企业学习。

微语录

一个好的管理者，应该敏于发现影响企业发展的短板，实现企业的均衡发展。唯有如此，企业的发展之路才能更加稳健。

末位淘汰制有利于保护优秀员工

华为一直都采取末位淘汰制，之所以贯彻这项制度，只是为了裁掉落后的人，裁掉那些不努力工作的员工或者不胜任工作的员工。华为的现金流一直都很充裕，并没有大的结构性裁员计划。

实行末位淘汰走掉一些落后的员工，也有利于保护优秀的员工，从而激活整个组织。都说美国的将军很年轻，其实了解西点的军官培训体系和军衔的晋升制度就会知道，通往将军之路，就是艰难困苦之路，西点军校①就是坚定不移地贯彻末位淘汰制度。

有人问，末位淘汰制施行到什么时候为止？借用GE②的一句话来说就是，末位淘汰制是永不停止的，只有淘汰不优秀的员工，才能把整个组织激活。GE活了100多年，长寿秘诀就是“活力曲线”，而活力曲线其实就是一条强制淘汰曲线，用韦尔奇的话讲，活力曲线能够使一个大公司时刻保持小公司的活力。

——摘自任正非关于华为末位淘汰制的讲话

---

① 西点军校，英文名称为The United States Military Academy at West Point，创办于1802年，是美国的第一所军事学校，现为美国规格最高的综合性军事学府，该校曾培养出3 700多名将军，著名毕业生有艾森豪威尔（Eisenhower，1890—1969）、托马斯·杰克逊（Thomas Jackson，1824—1863）、巴顿（Patton，1885—1945）、麦克阿瑟（MacArthur，1880—1964）等。

② GE，英文全称为General Electric Company，可译为“通用电气公司”，成立于1892年，总部位于美国康涅狄格州费尔菲尔德市，目前为世界上最大的多元化服务性公司。

在企业管理中，末位淘汰制是绩效考核的一种制度。长期以来，人们对末位淘汰制怀着复杂的情感，这是因为，在对待末位淘汰制的问题上，人们有着不同的看法：有人觉得实行末位淘汰制，有利于调动员工的工作积极性、精简机构等；但是，也有人觉得末位淘汰制有消极的因素，包括有损人格尊严、在人际关系上过于"残酷"等。可以说，末位淘汰制在企业界历来备受争议。

但在华为，对待末位淘汰制毫无争议，因为这是公司的自然淘汰制，是华为一项非常重要的用人制度。对此，任正非曾在一次内部讲话中强调，为了使员工时刻处于饱满的竞争状态，华为"每年要保持5%的自然淘汰率"。但事实上，我们从华为的发展史来看，华为大部分时间都处于飞速发展时期，新员工人数也在不断攀升。由于市场份额一再增大，因此华为长期对人才充满了渴求，每次的招聘量也很大，所以华为5%的自然淘汰率执行得并不彻底。

如果仔细梳理，我们就可以发现，在华为的发展史中，曾有两次比较剧烈的末位淘汰制。一次是在1999年，由于中国电信被拆分成四块业务，寻呼业务划拨到中国联通，中国移动、中国卫星通信则单列出来。受中国移动从中国电信拆分的影响，中国移动和中国电信取消了不少订单，这对华为的生产和销售都有显著影响。为此，华为公司当年的淘汰率在10%左右。

另一次是在2001—2003年期间，由于全球电信行业的整体滑坡与衰退，各大跨国公司的境遇悲惨，因此中国通信企业也不能幸免，纷纷开始裁员。素有"人才大鳄"之称的华为在业内受到极大的关注，淘汰掉10%的员工，2.2万员工中的2 000人离开了华为。这次裁员主要集中在芯片设计部门。

对于这次裁员，华为的解释是末位淘汰和销售业绩大幅度下滑的双重结果。这是因为，当时中国电信行业形势恶化，华为的销售收入和利润均有下滑。据统计，2002年上半年，华为仅实现产品收入61亿元人民币，利润只有2.2亿元人民币，而在上一年度华为实现的年销售额为255亿元人民币，利润更是高达26.5亿元人民币。在这种情况下，“裁员”显然是一种无奈之举。

其实，尽管华为将末位淘汰制视为“自然淘汰制”，但并非出于对员工的“放弃”，很多淘汰下来的员工并不完全是被解雇，有一部分还可以进入再培训，或选择“内部创业”，比如成为华为的代理商等。另外，《华为公司基本法》还规定：利用内部劳动力市场的竞争与淘汰机制，建立例行的员工解聘和辞退程序；公司在经济不景气的时期，启用自动降薪制度，避免过度裁员与人才流失，确保公司渡过难关。

对于那些屡屡被排在末位、不能吃苦受累的员工，任正非只有一个态度：只要有人怕苦怕累，就裁掉，就走人。

可见，虽然华为一直在执行末位淘汰制，但并非简单地将处于末位的员工淘汰了事，而是本着对企业、对员工负责的态度；再者，华为的管理制度本身就要求把合适的人放到适当的岗位，创造出最佳的效益。因此，华为只是对那些真正由于主观原因不能适应工作的员工才实行必要的淘汰。

微语录

企业管理的一大使命，就是要持续激活员工队伍，避免员工丧失斗志，同时激励先进、鞭策落后。在这方面，末位淘汰制是自然法则，也是企业管理中的有效法则。

持续管理优化，一辈子不动摇

华为公司的第一、二代创业者把生命注入创业中去，获得了今天的成功。研发人员也宣誓要把生命注入产品中去，因此我们管理者也应把生命注入持续不断的管理优化中去。把生命注入并不是要你像干将、莫邪铸剑一样跳到熔炉里去，而是要用一丝不苟、孜孜不倦的精神去追求产品的成功。

——摘自任正非的文章《不做昙花一现的英雄》

在企业管理的改进中，任正非并不提倡大刀阔斧的变革，更加重视温和的改良。在任正非看来，管理改革并不意味着全盘否定以前的管理方式，要“打破一切”，重新建立“全新的”管理模式，而是应该持续改进，慢慢修正，一步步地提升管理水平。

任正非认为，管理上的改革要在企业能够承受的幅度内进行，那种疾风骤雨、全盘否定一切的变革，隐含着极大的不确定和风险，不但很可能给企业带不来好处，甚至有可能使企业伤筋动骨。

其实，我们从任正非创立华为到现在的历程中，看着华为从小企业到世界一流的大企业，一步步地成长为全球通信行业的领航者，在这个过程中，华为在管理上经历过一系列改革，包括“先僵化，后优化，再固化”，但总的来说，基本上都是在华为领导层审时度势、深思熟虑、反复研讨以后的结果，几乎很少有主观冒进的现象发生。正是因为这样，华为才确保了在发展上的稳健性。

从这点上来看，尽管任正非曾经强调“只有偏执狂才能成功”，但这更多的是一种激励，而非主观上的急躁情绪。实际上，在任正非的管理思想中，更多是追求企业的稳健发展，比如，任正非多次提出的“活下去是最高战略”。由此可以看出，任正非的管理思想是非常实事求是、非常务实的。

当然，随着企业的发展，很多内外因素也在发生变化，企业在管理上必然也要适应这种变化。在这方面，任正非主张华为要慢慢改革，不要搞激进主义，不要企图一口吃成大胖子。任正非认为，假如企业大刀阔斧地进行改革，就可能将企业置于风雨飘摇之中，必然不利于员工安心工作，也不利于企业的长远发展。

再者，企业进行管理上的改革时，有很多问题是长时间形成的，如果在短时间内立即纠正，则一方面有主观上的难度，另一方面也有客观上的难度。所以，任正非更青睐于日常管理当中的点滴优化、持续优化，要及时发现问题、解决问题，重视对小问题的快速解决，而不要把问题“养大”后再解决，如果那样，解决的成本就会更高。

因而，任正非十分重视日常经营中的消化问题，这样可以减少大问题的出现，从而使企业减少盲目“折腾”的冲动。另外，即使在经营管理中真的遇到了问题，企业也应该先要认真分析，找出最佳的处理措施，尽可能使企业发展处于一个相对稳定的环境中，而不要使企业处于剧烈的改革中。

基于此，在一些被外界视为华为“剧烈变革”的事件中，华为却仍然在安静地进行，并未出现外界预期的“变革阵痛”。比如，任正非曾经发动过数次员工大辞职的运动，整个部门，甚至多个部门的员工集体辞职，可结果是企业发展的活力更强了，员工基本上没有出现大流失。比如，以1996年华为市场部集体大辞职为例，尽管任正非撤换了市场部大部分管理干部，但并没有让员工产生抵触情绪，因为任正非让这些干部全部“归零”，通过竞争重新上岗，这样，既保全了落选员工的面子，也让能力更强的员工脱颖而出，晋升为管理者。

2007年底，华为又斥资10亿元人民币鼓励7 000名员工辞职，华为的大辞职运动再次上演。在这次辞职运动中，凡是工作期限满8年的员工，都要提交一份辞职申请表，然后再竞争上岗，与公司重新签订劳动合同。

这两个事件可谓都是管理上的改革，为企业注入了新鲜的活力，同时，丰厚的补偿也使老员工在改革中没有受到伤害，结果皆大欢喜，对企业、对个人都有利。任正非对这两次管理改革运动的评价是：“华为的各项管理不要求轰轰烈烈，而要扎扎实实，在公司未来变革中一定要避免剧烈的动荡。我们也不能让干部大起大落，对干部可以奖励、处分，但不能突然全盘否定或者全盘肯定。真正的潜力必然是通过长期的实践才能够看到的。”

总之，任正非认为，企业进行管理上的改革创新，目的是让企业更好地存活和发展下去。无论是改革还是改良，都是为了优化管理。企业在经营中常会面临各种各样的问题，那么，管理优化就要时时、处处进行，在其中，尤其要处理好改革与稳定的关系。

微语录

随着企业的发展，内外因素也会随之变化。因此，管理者要长期坚持管理优化，不能松懈。

第十章

文化管理：
以客户为中心，长期坚持艰苦奋斗

·任正非说·

企业文化表现为企业一系列的基本价值判断或价值主张。企业文化不是宣传口号，它必须根植于企业的组织、流程、制度、政策、员工的思维模式和行为模式之中。多年来，华为一直强调：资源是会枯竭的，唯有文化才会生生不息。

华为文化的特征就是服务文化，谁为谁服务的问题一定要解决。服务的含义是很广的，总的是为用户服务，但具体来讲，下一道工序就是用户，就是您的“上帝”。您必须认真地对待每一道工序和每一个用户。任何时间，任何地点，华为都意味着高品质。

我们提出的“三个根本保障”并非先知先觉，而是对公司以往发展实践的总结。这三个方面，是个铁三角，有内在联系，而且相互支撑。以客户为中心是长期坚持艰苦奋斗的方向；艰苦奋斗是实现以客户为中心的手段和途径；以奋斗者为本是驱动长期坚持艰苦奋斗的活力源泉，是保持以客户为中心的内在动力。

华为的核心价值观

二十年来，我们在研发、市场、服务、供应、财经管理、监控审计、员工的思想教育等方面均取得了较大的成绩。我们已在全球化竞争中奠定下基础，我们正在走向提高科学管理能力，提高运行效率，合理降低内部成本，适度改善报酬与考核机制，促进新生的优秀干部快速成长的道路上。但以什么为我们工作的纲，以什么为我们战略调整的方向呢？我们在经历长期艰难曲折的历程中，悟出了“以客户为中心，以奋斗者为本”的文化，这是我们一切工作的魂。我们要深刻地认识它，理解它。

——摘自任正非于2008年7月在华为市场部年终大会上的讲话

2010年12月，任正非曾给到华为来取经的欧洲某大型电信企业的高管们上课，授课的题目是“以客户为中心，以奋斗者为本，长期坚持艰苦奋斗”。同时，任正非还指出，华为这么多年来，之所以能够不断地超越竞争对手，由胜利走向更大的胜利，最重要的原因就是这“三个根本保障”。

当然，任正非还解释说，这“三个根本保障”并非华为的先知先觉，而是对公司以往长期发展实践的总结。这三个方面有着内在联系，而且相互支撑。其中，以客户为中心是长期坚持艰苦奋斗的方向，艰苦奋斗则是实现以客户为中心的手段和途径，以奋斗者为本是驱动长期坚持艰苦奋斗的活力源泉，是保持以客户为中心的内在动力。

其实，任正非总结出这“三个根本保障”，是基于对国内外企业管理领域深刻研究的结果。

曾经有一次，中国人民大学商学院的一批EMBA（Executive Master of Business Administration，高级管理人员工商管理硕士）学员去英国兰开斯特大学[①]交流访问。在考察了英国工业革命的辉煌历史后，再看今天的英国，他们发现有很多曾经辉煌的企业在不断地衰落，从而感到很震撼。学员们向英国教授提到华为时，这位教授评价道：“华为不过是走在世界上一些曾经辉煌过的公司走过的路上。这些公司在达到顶峰之前也是以客户为导向、不停地奋斗的，但达到顶峰后就开始变得故步自封，听不进客户的意见，于是就逐渐衰落了。”

那么，华为能否规避这种宿命呢？对此，2012年7月，任正非在一篇发言稿中写道：“西方公司的兴衰，彰显了华为公司‘以客户为中心，以奋斗者为本，长期坚持艰苦奋斗’的正确。”

在这个世界上，真理往往是简单而直白的。很多西方公司在企业发展中，多以“年”为单位制定发展策略，企业发展总是围绕财务报表上的数字来打转，却忽略了对客户的关注；而在华为，却常“以10年为单位规划未来”，因此会更加懂得“以客户为中心”的重要性。其实，这也是华为能够追赶并超越对手的奥秘所在。

为了能够服务好客户，任正非强调员工要具有“奋斗”意识。对此，任正非说：“我们奋斗的目的，主观上是为自己，客观上是为国家、为人民。但主、客观的统一确实是通过为客户服务来实现的。没有为客户服务，主、客观都是空的。当然奋斗者包含了投资者及工作者。”

关于对企业内“奋斗”的定义，任正非认为，任何能为客户创造价值

① 兰开斯特大学，英文名称为Lancaster University，创建于1964年，位于英格兰兰开夏郡，是英国著名学府。

的活动，以及在劳动的准备过程（例如上学、做学徒等）中，为充实提高自己而做的一切努力，均叫奋斗；否则，再苦再累也不能叫奋斗。任正非还强调，企业的目的应明确，那就是使自己具有竞争力，赢得客户的信任，从而在市场上存活下来。

企业要服务好客户，就要选拔优秀的员工；员工要变得优秀，同样离不开奋斗。在企业内，要使奋斗成为常态，实现可持续发展，就必须使奋斗者得到合理的回报，以确保企业长期健康发展。当然，给奋斗者的回报要处于合理范围内，假如将奋斗者的待遇无限制地拔高，必然使企业内部的运作出现高成本，从而拖累企业，使企业被客户抛弃，那么企业也就会随之在竞争中落败，最后反而导致奋斗者无家可归。任正非指出，这种不持续的爱，并不是真爱。只有确保对奋斗者的关爱合理、适度、长久，才能真正对奋斗者的未来负责。对此，任正非想起自己年幼时，一家人曾经度过的困难岁月，不由得感慨道："我们在家里，都看到妈妈不肯在锅里多放一碗米，宁可看着孩子饥肠辘辘的眼睛。因为要考虑到青黄不接、无米下锅，会危及生命，这样的妈妈就是好妈妈。有些不会过日子的妈妈，丰收了就大吃大喝，灾荒了就不知如何存活。我们的人力资源政策必须是前者。"

对于华为的核心价值观，在"以客户为中心，以奋斗者为本，长期坚持艰苦奋斗"这三个方面的基础上，任正非有时也会适当地扩充其内容。比如，在2011年4月，任正非在一次专题报告会上说："华为公司的核心价值观蕴含着华为公司的愿景、使命和战略。华为公司的愿景是丰富人们的沟通和生活。使命是聚焦客户关注的挑战和压力，提供有竞争力的通信解决方案和服务，持续为客户创造最大价值。战略有四个方面：1. 为客户服务是华为存在的唯一理由，客户需求是华为发展的原动力；2. 质量好、服务好、运作成本低，优先满足客户需求，提升客户竞争力和盈利能力；3. 持续管理变革，实现高效的流程化运作，确保端到端的优质交付；4. 与友商共同发展，既是竞争对手，也是合作伙伴，共同创造良好的生存空间，共享价值链的利益。”

总的来说，不管华为的核心价值观在具体表述上会有哪些差别，但有三个方面是华为永不会放弃的，那就是“以客户为中心，以奋斗者为本，长期坚持艰苦奋斗”。在核心价值观的基础上，华为文化不断地构建起来。

微语录

从某种程度上来说，华为的“以客户为中心，以奋斗者为本，长期坚持艰苦奋斗”核心价值观适用于每一个企业。

资源会枯竭，唯有文化生生不息

资源是会枯竭的，唯有文化才会生生不息。一切工业产品都是人类智慧创造的。华为没有可以依存的自然资源，唯有在人的头脑中挖掘出大油田、大森林、大煤矿……精神是可以转化为物质的，物质文明有利于巩固精神文明。我们坚持以精神文明促进物质文明的方针。

这里的文化，不仅包含了知识、技术、管理、情操……也包含了一切促进生产力发展的无形因素。

——摘自任正非的文章《华为的红旗到底能打多久》

任正非曾经给进入华为的新员工们写了一封公开信。在这封信里，任正非阐述了企业文化对华为的重要性。在信里，任正非这样说："物质资源终会枯竭，唯有文化才能生生不息。一个高新技术企业，不能没有文化，只有文化才能支撑她持续发展。华为的文化就是奋斗文化，我也不能形象地描述什么叫华为文化，我看了《可可西里》的电影，以及残疾人表演的《千手观音》，我想他们的精神就叫华为文化吧！对于一个新员工来说，要融入华为文化需要一个艰苦的过程，每一位员工都要积极主动、脚踏实地地在做实的过程中不断去领悟华为文化的核心价值，从而认同直至消化接纳华为的价值观，使自己成为一个既认同华为文化，又能创造价值的华为人。只有每一批新员工都能尽早地接纳和弘扬华为的文化，才能使华为文化生生不息。”

在对华为文化的具体描述上，任正非指出华为文化的特征就是“服务文化”，总的来说，就是为客户提供优质的服务。在这里，任正非要求“任何时间，任何地点，华为都意味着高品质”。另外，任正非还强调了诚信在华为文化里的重要性，指出诚信是企业的生存之本、发展之源，诚信文化是华为公司最重要的无形资产。

无独有偶，在重视企业文化方面，华为做到了，很多优秀的企业也都用心地培育企业文化，并逐渐实现用企业文化来管理企业。比如，在我国的企业中，海尔公司也是一家重视企业文化建设并实施企业文化管理的企业。在发展壮大的过程中，海尔公司不断地兼并其他公司；而这些被兼并的、经营不善的公司，在被海尔兼并后，通过海尔激活“休克鱼[①]”的疗法，总能起死回生，重新焕发生机。实际上，海尔能够做到这一点，就要归功于其企业文化。

举例来说，1995年，海尔刚兼并红星电器厂的时候，尽管红星电器厂有较强的生产能力，但企业管理混乱，面临严重亏损并且已经资不抵债的困境。被海尔兼并后，随着海尔的管理人员接手红星电器厂的管理，该厂在第二个月就开始盈利了，实现了企业管理中的奇迹。当时，海尔几乎没有对红星电器厂投入硬件方面的帮助，仍然使用红星电器厂的厂房、设备，工人基本上还是以前的工人，海尔派去的管理人员，带过去的只是海尔的企业文化，却救活了一家企业。

可见，企业文化对企业有着重要的作用。在华为的发展过程中，企业文化同样发挥着非常重要的作用。比如，曾经有几张照片，生动而直观地反映出华为在俄罗斯北部地区，乃至异常寒冷的北极圈内建起了通信基站；在

① 休克鱼，指鱼处于休克状态，但肌体没有腐烂，比喻企业硬件很好，但企业的思想、观念有问题，导致企业停滞不前。

一些自然环境恶劣的国家和地区，几个年轻的华为人在当地人的帮助下，肩扛人抬地把通信设备拉到人迹罕至的高山上来安装；在非洲的雨季里，华为员工在客户需要帮助时，甚至靠人力连推带拉地把设备车辆拽到服务现场；在东南亚一些沼泽地区，华为员工在施工现场，累了就躺在泥泞的小路上休息，醒来再继续施工；2008年汶川地震时，华为的工程师第一时间赶到灾区抢修通信设施等。

究竟是什么让无数华为人迸发出如此强劲的战斗力，能让他们不怕一切艰难险阻地往前冲？或许原因有很多，但有一个是不容忽视的，那就是华为企业文化的感召力。所以，华为的企业文化绝不仅仅停留在宣传口号上，更多地根植于企业流程、制度以及员工和管理者的思想和具体行为中。

微语录

企业所掌握的资源总是有限的，但企业培育起的文化意识却有着无穷的潜力。所以，企业务必要用心培育自己文化的土壤。

没有完美的个人，但有完美的集体

大家充分发挥自己的优点，做一个有益于社会的人，这就已经很不错了。我们为了修炼成一个完人，会抹去身上许多棱角，自己的优势往往被压制，成了一个被驯服的工具。但外部的压制并不会使人的本性完全消失，人内在本性的优势，与外在完人的表现形式，不断形成内心冲突，使人非常痛苦。我希望你把优势充分发挥出来，贡献于社会，贡献于集体，贡献于我们的事业。每个人的优势加在一起，就可以形成一个具有完人特质的集体。

……在人生的道路上，我觉得充分发挥自己的优势最重要。比如，我英文不好，但是不等于说我英语能力不行，大学时我是英语课代表，同时还自学了日语，都能进行简单交流。但20年军旅生涯没有使用这个工具的机会，就生疏了。

当我走向新的事业的时候，虽然语言对我很有用处，但我发现我最主要的优势是对逻辑及方向的理解。如果用过多精力去练习语言，可能对逻辑的理解就弱化了。我放弃对语言的努力，集中发挥我的优势，这个选择是正确的。对我来说，可能英文好，在人们面前会挺风光的，但我对社会贡献的价值就完全不一样了。于是，我就集中精力充分发挥我的优点。

——引自任正非于2008年在华为内部座谈会上的讲话

世界上没有十全十美的人，任何人只要有优点，就必然有缺点，有长处就会必然有短处。作为单个的人，不要奢求去做完人，关键是要做一个对他人、对社会有益的人，要做到这一点，就需要个人发现自己的优势，发挥自己的优势，从而让自己的价值最大化。对于一个组织来说，假如组织内部的每个成员都能发挥出自己的优势，那么组织内部的短板就有可能被发现而得到改进，从而实现组织的均衡发展，打造一个完美的集体。所以，就个体而言，几乎无法完美；但若就集体而言，在融合每个个体的长处后，就有可能变得完美。

为此，任正非指出，员工要努力发现自己的兴趣和长处，最大限度地发挥自己的长处，从而为企业做出贡献。对此，任正非这样说："大家要正确估计自己，然后做出正确的判断，这样才能充分发挥自己的作用。同时，要承认差距是客观存在的。没有水位差，就不会有水的流动；没有温度差，风就不能流动。人和人的差距是永远存在的。同事进步了，产生了差距，应该判断自己是否已经发挥了优势，若已经发挥了，就不要去攀比；若没有发挥好，就想办法更好地发挥出来。"

在此基础上，任正非也更加意识到集体的力量。这是因为，既然个体无法成为完人，假如企业纯粹由某一个人来全权负责，那就意味着，企业在未来的发展中，可能会出现"因一人而兴旺，因一人而衰落"；如果这样，企业在发展中必然出现很多不确定因素。所以，任正非非常注重整合集体的力量，发挥集体的力量；与此相对应的是，任正非在华为内部积极地"去英雄主义化"，要使集体成为真正的英雄。

可以说，任正非缔造"完美集体"的策略是很彻底的。比如，早在2004年，华为就创建了史无前例的EMT这一集体决策机制，并开始由8位管理层轮流担任EMT主席，每人半年，一直轮换到现在，确保了华为决策机制的精准性。

从2011年开始，华为又推出在董事会领导下的轮值CEO制度。对此，任正非说："这比将公司的成功系于一人，败也是这一人的制度要好。"另外，任正非还补充道："华为不会出现由一个人决定公司命运的情况。"

为了进一步阐述华为继续坚持集体奋斗的重要性，任正非写了一篇名为"一江春水向东流"的文章。在文章中，任正非甚至用了很大篇幅探讨如何破除华为员工对他个人的英雄崇拜。这篇文章要表达的意思显而易见：华为过去的成功并非是任正非一个人的功劳，而是依靠集体奋斗的结果，功劳归集体所有。既然华为在过去能够依靠集体取得成功，那么在未来必然可以继续依靠众人的努力和智慧，仍然持续获得成功。

在带领华为发展20多年后，岁月流逝，任正非已从创建华为时的年富力强走向古稀之年。因而，任正非面临的接班人问题也越来越引起关注。在这方面，任正非认为采用一种"集体接班"的制度，在谈到华为未来的集体接班时，任正非说："6年来，我们试行EMT轮值主席制度，实际上就是在交接班。"由此可见，任正非对集体力量的重视，已从常规意义上的企业管理中引申、发展到企业更高层次的宏观管理、战略管理中，相信这一定会为更多的企业提供有益的借鉴。

微语录

企业领导者的一大使命，就是将无法完美的个人整合为一个完美的集体。

我们与别人的不同之处是更努力

……“乌龟精神”是指乌龟认定目标，心无旁骛，艰难爬行，不投机、不取巧、不拐大弯弯，跟着客户需求一步一步地爬行。

……不要为我们有没有“互联网精神”去争论，互联网有许多好的东西，我们要学习。我们有适合自己发展的精神，只要适合自己就行。……

我强调的是，我们为信息互联的管道做“铁皮”，这个世界能做“铁皮”的公司已经只有两三家了，我们也处在优势，不要老羡慕别人。现在我们很多的员工，一提起互联网，就不断地说：“我们不是互联网公司，我们一定要失败。”他们没有看到，能做太平洋这么粗管道“铁皮”的公司已经没几家了，我们一定是胜利者。

所以，要坚定一个信心，华为是不是互联网公司并不重要，华为的精神是不是互联网精神也不重要，这种精神能否使我们活下去，才是最重要的。乌龟就是坚定不移地往前走，不要纠结、不要攀附，坚信自己的价值观，坚持合理的发展，别隔山羡慕那山的花。

……华为要加强改进自己，聚焦战略，简化管理，去除冗员，淘汰落后，才能不断地激活自己。不过上市公司不盈利，也要垮掉的，不上市的公司不盈利也不能发展的，我们没有不同于别人的命运，唯有多努力。

——引自任正非于2014年2月在华为内部的一次讲话

华为从创立到现在，20多年时间里，从一个名不见经传的交换机小代理商，发展为享誉全球的最大通信设备及解决方案供应商，从创业时的2.1万元资金，发展到2013年的年销售收入高达2 390亿元人民币（约合395亿美元）。这个变化从纵向上来看，是令人震撼的；从横向上来看，是令很多同行企业难以理解的。究竟是什么原因让华为取得了如此强大的成功？

或许原因很多，但在任正非看来，其中一个重要的原因就是，华为人更加努力，付出得更多。正如任正非在他的文章《天道酬勤》里所说的：

“拼搏的路虽然艰苦，但苦中有乐，乐在其中。当复杂的3G网络芯片一次投片成功时；当新机器打通电话，机器上的信号灯如繁星般闪烁时；当我们翻山越岭，克服高原缺氧，为西藏最后一个不通电话的墨脱县实现了通话，藏族同胞载歌载舞，献上洁白的哈达时，我们为之欢呼雀跃，欢乐抚平了多少个日日夜夜的奋斗在我们额头上刻下的皱纹。

“我们使最封闭的山村一步跨入了现代文明世界，使世代穷苦的村民借助现代通信手段改变了自己的命运。即便是我们为某个非洲国家安装通信网络设备而长途颠簸，顶着赤道的烈日，走戈壁，穿沙漠，但这种经历未必不是一种值得津津乐道的人生体验。更不要说非洲小男孩，有生第一次通过我们的无线网络与外部世界通话时脸上欢快而惊奇的表情，那时，我们心头洋溢着的是自豪与喜悦。”

的确，当任正非踏上华为的创业路时，就与努力、更加努力结下了不解之缘。在创业初期，当华为自主研发的设备刚刚出来时，为了让更多客户了解到华为的产品，华为人开始四处奔波。曾记得有多少次，在一个个寒冷的冬夜，华为的销售人员在等了8个多小时后，终于见到了客户，可是刚上前说了半句话，“您好！我是华为的……”，就眼睁睁地看着客户被另一家著名的公司接走了。

这种挫败感在华为创业初期可谓经常发生。但任正非认为，条件越是艰苦，越要坚持，不能放弃，唯有如此，才能见到黎明的曙光。因此，在创业初期，华为就是凭着这种努力和艰苦奋斗的精神，渡过了一个又一个难关。

后来，随着华为的发展，所面临的境况逐渐好转，但这并不意味着华为人可以松懈下来，去享受胜利的果实，任正非再次激励大家去探索企业存在的任何“短板”，要继续努力，继续改进。

所以，回首华为的发展道路，可谓是全体华为人的一部奋斗史。诚然，我们要想在激烈的市场中存活下来，就必须督促自己更加努力。华为是这样，我们每一家企业无不应该这样。

微语录

一个人的精气神，将决定一个人的未来；一个企业能否长期坚持艰苦奋斗、努力拼搏，将最终决定企业的未来。

华为呼唤英雄

历史呼唤英雄，当代中国更迫切地呼唤英雄的群体，华为青年应该成为这样的英雄……

我们不要把英雄神秘化、局限化、个体化。无数的英雄及英雄行为就组成了我们这个强大的群体。……由这些英雄带动使每个细胞直到整个机体产生强大的生命力，由这些英雄行为促进的新陈代谢，推动我们的事业向前进。

因此，华为公司不会只有一名英雄，每个项目组也不会只有一人成功。每一次小的改进，小组都开一个庆祝会，使每个人都享受到成功的喜悦。当你乐滋滋的时候，你就是你心目中最崇拜的英雄。不要因为公司没有发榜，英雄就不存在。公司的管理总是跟不上你的进步，不因它的滞后而否定了你。即使发榜也只会选择少数代表，也不因为没有列入，你就不是英雄。

是金子总会发光的，特别是在湍急的河流。高速发展的华为公司给你提供了更多的机会，在团结合作、群体奋斗的基础上，努力学习别人的优点，改进自己的不足，提高自己的合作能力与技术、业务水平，发挥自己的管理与领导才干，走向英雄之路。做一个从没得到过授勋的伟大英雄。

——引自任正非于1997年6月在华为公司研究试验系统先进事迹汇报大会上的讲话

俗话说："商场如战场。"其中隐含的一个意思是，效率、执行力非常重要。因为在世界上，管理效率最高、执行力最强的，可谓是军队，因为战场上瞬息万变，没有效率与执行力做支撑，结果很可能是灾难性的。因而，我们在前面了解"蓝血十杰"时，曾探讨过一些军事管理理念在现代企业管理中的积极意义，尤其是在企业中打造出一支执行力强、忠诚敬业的团队，从而带领企业走向辉煌。

在创立华为以前，任正非曾在部队里工作过十几年。长期的军旅生涯，磨砺出任正非不屈不挠、雷厉风行的做事风格。在创建华为后，任正非多年在队伍中的管理思想和方法对华为产生了深远的影响。其实，这可以从任正非20多年的讲话和行事风格中观察出来，包括任正非经常提到的"战斗力""让前线呼唤炮火""打仗的队形是可以改变的"等。同样，任正非希望华为也能够产生"各条战线"上的"战斗英雄"，让华为成为一个"英雄集体"。诚如是，华为的生命力、竞争力无疑会进一步增强。

为此，任正非向华为培训中心推荐的第一本书，就是《西点军校领导魂》，这本书介绍了西点军校的22条军规，以及西点军校著名校友，如麦克阿瑟等人的管理事迹。其中，西点军校的22条军规对企业管理有着重要的借鉴意义。

另外，任正非在书中麦克阿瑟要求西点军校学员始终坚持的三大信念"责任、荣誉、国家"中增加了一条"事业"，即"责任、荣誉、事业、国家"，并以此要求所有华为员工必须铭记。可以说，在华为，军人文化已经渗透到华为的市场战略、客户政策、竞争策略以及内部管理中。难怪一些竞争对手称呼华为为"华为军团"，并慨叹在华为这样一支企业队伍面前，很难获得胜利。

的确，每名新员工在刚进入华为时，都要接受为期半个月的军训，学习华为的企业文化和核心价值观，所有员工务必严格遵守华为的各项规章制度，注重个人形象与团队形象的密切联系。比如，在新员工培训纪律中就有一条"皮鞋、西裤、衬衫、领带，一个都不能少"。

可以说，华为人之所以在工作中不怕吃苦、高度敬业，与他们刚进入华为时，就接受了严格的训练有很大关系。不仅如此，华为还不断地贯彻集体理念，比如在华为每一次召开员工大会时，都会齐唱《团结就是力量》《解放军进行曲》等歌曲，催人奋进。

通常情况下，所谓的“英雄”，就是能把常人看来难以实现的目标或难以做到的事情成功完成。而任正非激发“英雄”的能力，在很多方面令人称奇。比如，在任正非主持的会议上，如果与会者发言时不能够直奔主题，缺乏效率，就会遭到他的训斥；而且任正非每年还为华为定下一个外人看来不可能完成的目标，可最后令人吃惊的是，这些目标还都顺利实现了。

在任正非对华为的管理生涯中，他不会花费时间与员工讨论某项决策是否可行，而是有条件可以提出来，公司会动用一切资源支持你，但前提是必须无条件执行，决不能让困难成为阻碍你放手不干的理由。任正非认为，任何事情都有困难，面对困难却不去克服，而是一味抱怨的人，是不称职的员工或管理者。

我们从华为29年的发展历程来看，正是靠着这种军事化管理，华为的发展才像滚雪球一样快速进入上升通道，在市场拓展中涌现了无数的“战斗英雄”，进而发展为一个“英勇善战”的“英雄集体”，保障了华为的持续快速发展。

微语录

企业的大目标会分解为一个个具体的小目标，需要每一个人发挥“战斗英雄”的精神，去做好这些小目标。企业内部每个员工都能做好自己的小目标，企业就会成为一个“英雄连”“英雄团”，就能进一步更好地完成大目标。

管理的最高境界是无为而治

一个企业的内、外发展规律是否真正认识清楚，管理是否可以做到无为而治，这是需要我们一代又一代的优秀员工不断探索的问题。只要我们努力，就一定可以从必然王国走向自由王国。

——引自《要从必然王国走向自由王国》

所谓必然王国，是指人们还要不断地增加对自然或社会常识的了解，需要依赖一些外在条件，从而更好地适应外部环境。所谓自由王国，是指人们通过持续地学习和总结，对常识有了深刻的认识和把握，从而能够主动地把握和利用外部机遇，或者不再需要人为地干预就能实现其良性运行。在企业管理中，假如管理者刚开始对所处领域还不够熟悉，就难免要“摸着石头过河”，尽量熟悉常识。一旦在对常识进行融会贯通后，就能够在管理事务中游刃有余，甚至可以通过制度与企业文化的内在管理作用，达到无为而治，实现企业真正意义上的和谐运营。

举例来说，我们所生活的自然环境里，太阳每天都会按时升起和降落，并不需要我们人为地去做什么；一年四季，春夏秋冬，自然会寒暑易节，也不依赖人为的干预，而是依靠其内在的规律来运行。实际上，这种无为而治的思想在自然界与人类社会中普遍存在。那么，在企业管理中，是否也存在这样一种内在规律，只要有其依赖的客观机制出现，同样可以不需要人为的干预，依据其内在规律，便可稳健运行？

在任正非看来，企业管理中的这种无为而治或自由王国也可以存在。或者说，任正非多年致力于打造企业文化、制度化等，一个重要的出发点，便是使华为具备这样一种自由王国的状态，从而得以长期稳健地发展。

当然，企业管理是一种复杂且综合性强的工作，尽管从理论上来看，无为而治的确可以实现，比如依靠制度去约束人、依靠企业文化去引导人等，实现企业的正常运转；但在企业管理中，毕竟有些事情还是需要管理者亲力亲为的，比如公司发展战略的调整、方针政策的改动等。

因此，无为而治并非管理者什么都不用再管了，企业的所有事务均可抛到脑后。实际上，无为而治更多的是指管理者可以从日常管理事务中抽身出来，从而把主要的时间和精力投入到“务虚”中，包括研究公司的发展战略等长远性、全局性的问题。

同时，华为的员工可以在企业科学的机制下自发主动地发挥自己的聪明才智，更好地投入工作，不必再单纯地听从领导和管理者的安排。这样，有助于领导者和管理者集中时间和精力，进一步做好本职核心工作；另外，也可以为广大员工提供一个真正实现个人价值的平台。

对此，任正非说：“我们要逐渐摆脱对技术的依赖、对人才的依赖、对资金的依赖，使企业从必然王国走向自由王国，建立起比较合理的机制……我相信这些无生命的管理，会随着我们一代又一代人死去而更加丰富完善。几千年后，不是几十年，这些无生命的管理体系就会更加完善，同时又充满活力，这就是企业的生命。”

其实，任正非所说的“无生命的管理”，便是一种无为而治的思想。任正非不断引进国外先进理念，实现管理上的中西结合，深切地明白企业不能纯粹靠管理者来管理，而是要靠员工自己的思想来管理自己。

另外，任正非强调无为而治的重要性，有一个原因是华为的员工大多从事思维型的工作，如软件编程等，如果用大量硬性条理进行约束，则结果反而会不佳。所以，华为强调员工要有良好的自治性，并将高素质的个体与科学适宜的企业机制相结合，从而促进企业更好地发展。尽管如此，应该说，任正非的无为而治理念对很多企业还是有启发与借鉴意义的。

微语录

随着社会发展水平的提高，人们的综合素质也在不断增强。从长远来看，员工通过自我管理来完成企业所分配的工作任务将成为一大趋势。为此，企业主要做的，应是集中精力增强自己的核心竞争力。

第十一章

资本管理：华为不上市是为了更好地服务客户

·任正非说·

我们认为，企业的价值是由劳动、知识、企业家和资本共同创造的。公司实行知识资本化，让每个员工通过将一部分劳动所得转成资本，成为企业的主人……这就是华为能够赶超业界同行的原因之一。华为的员工也是公司的所有者，因此他们往往会着眼长远，不会急于套现。

股东（资本）是贪婪的，钱要从客户身上来，勒索客户多了，客户迟早会明白。华为不上市，可以控制住自己的欲望，为客户服务好，赚合理的钱……从某种程度上来说，不上市成就了华为的成功。

猪养得太肥了，连“哼哼”声都没了。科技企业是靠人才推动的，公司过早上市，就会有一批人变成百万富翁、千万富翁，他们的工作激情就会衰退，这对华为不是好事，对员工本人也不见得是好事，华为会因此而增长缓慢，乃至于队伍涣散。

传统经济学的“谬论”

我们都听过传统经济学中的大量理论，这些理论都宣称股东具备长远视野，他们不会追求短期利益，并且会在未来做出十分合理、有据可循的投资。但事实上，股东是贪婪的。他们希望尽早榨干公司的每一滴利润。

——引自任正非于2014年5月在英国伦敦一次新闻发布会上的讲话

在对待问题上，任正非认为企业的发展不能纯粹由资本说了算，因为资本的本性是追求保值增值，甚至企图在短期获得较大的投资收益，这会影响企业的长远健康发展。相对来说，如果作为这家企业的主人，抱着主人翁的态度来经营，那么就会不仅仅注重眼前利益，更注重企业未来的发展。从这点上来看，资本很多时候具有投机倾向，所以企业在谋求资本注入时，要对资本有清醒的认识。

的确，当我们漫步股市或者打开股市走向图时，总会看到股票每天都会有涨有跌。对于企业管理者来说，上面是董事会以及股东大会，这些大大小小的股东无不希望尽可能缩短等待盈利的周期，而企业管理者又受制于董事会、股东大会，如果不能实现资本的增值，就面临被换掉的危机，基于此，很多时候，企业管理者不再是以客户为中心，而是以漂亮的财务数据、赢得股东大会的欢心为主。

也正因为如此，一些曾经增长迅速、非常优秀的企业，上市后仿佛患了怪病一样，很快失去了活力。实际上，伴随着华为20多年的高增长，的确有不少资本运作机构希望华为能够上市，从而让更多的社会资本进入。对此，任正非强调，华为要保持自己艰苦奋斗的企业文化不动摇，一个很大的保障，就是保持股权的独立，而非让企业股权受制于资本，这是因为，资本的贪婪必将危及华为的文化内核。

另外，任正非还解释说，华为长期坚持“工者有其股”，不断稀释股权，任正非本人仅持有华为公司1.42%的股份，其余股份则全部由员工持有，这对华为的成功至关重要。

对此，任正非说：“我认为，这就是华为能够赶超业界同行的原因之一。华为的员工也是公司的所有者，因此他们往往会着眼长远，不会急于套现……因为公司的拥有者并不贪婪，因此华为也能留在所享受的位置。但是我不可能永远活着，也许有一天华为人也会变得贪婪。”

华为抵制资本入侵、防止贪婪的典型表现，就是不上市。就此而言，华为是当今世界500强中为数不多的非上市公司。华为的一些竞争对手则宣称，华为不上市，可能会面临重大资金短缺问题。

然而，任正非并不这样认为。在任正非看来，如果大量资本进入华为，结果必然会多元化，并危害华为持续优化管理的进程。任正非是这样解释的：“我们今天这么聚焦，管理还做不到端到端打通。多元化管理我们更不适应。我们一定要在5～10年内使自己无生命的管理体系赶上西方最优秀公司，就得聚焦，少点繁杂。否则这20多年引进的管理就被冲乱了。”

任正非还表示，假如华为的研发经费控制在每年80亿～100亿美元之间，那么华为就不会面临资金困难。任正非还解释说，有些企业之所以在快速发展中面临资金短缺，一个重要原因就是走向多元化，铺开的资金面过大，必然会使资金链受到影响。华为与这些企业不同的是，始终聚焦于主业，不盲目多元化，这样自然可以使资金链在可控范围内，从而有效防止出现资金紧张的状况，也就不需要“邀请”资本进入华为，并保证华为的稳健发展。

其实，我们纵观国内外无数企业，几乎无不以能够获得资本的青睐而炫耀，甚至很多企业家都梦想着上市，真正能够像华为这样希望服务好客户，不断提升管理水平，致力于打造一家优质企业的并不很多。基于此，华为不愧是一家值得尊敬的企业，是一家真正致力于为客户提供最佳服务的企业，这也彰显了华为的卓越所在。

应该说，任正非对资本的看法还是很有见地的。因为从资本市场上，我们屡屡看到，引导企业发展的不再是“以客户为中心”，更多的是围绕企业市值的沉浮来开展工作。当一个企业不是依据“以客户为中心”的常识引导企业发展，而是按照证券分析机构的观点来决定做什么或不做什么的时候，这样的企业已经失去了前进的活力，在竞争中落败，最终被客户抛弃只是早晚的事情。

因此，华为这些年之所以能够保持旺盛的发展态势，与任正非能够看透资本的本质，从而游刃有余地对待资本有很大关系。

微语录

一个优秀的企业，不会四面出击寻找资本，而是会聚精会神做好自己应做的事情。

华为的成功是因为没上市

我们之所以能超越同业竞争对手，原因之一就是没有上市……资本市场都是贪婪的，从某种程度上来说，不上市成就了华为的成功……股东是贪婪的，钱要从客户身上来，勒索客户多了，客户迟早会明白。华为不上市，可以控制住自己的欲望，为客户服务好，赚合理的钱。

——引自任正非于2014年5月在接受媒体采访时的讲话

对于很多企业创始人来说，上市几乎是自己追求的终极目标，仿佛企业一上市，自己才是真正的成功。对此，任正非并不这样看；相反，任正非在总结华为的进步和成功时，做出的结论是：华为之所以成功，就是因为没有上市。

其实，对企业来说，上市在某种程度上意味着更大的压力。比如，很多希望上市的公司，需要被完美“包装”一下，一些专门运作企业上市的机构会从中谋取暴利，而对于那些一心想要上市的企业来说，有不少从中很“受伤”。

我国的《南方周末》曾经报道，有一位在股市中退市的企业创始人说，有些企业尽管被“包装”后上市了，但在遭到投资者质疑后，又不得不花大价钱找来几家中介机构做调查报告，希望帮自己“正名”。结果，企业为此付出1000多万美元服务费仍未了事，而这家企业在股市中融资才不过1亿美元，如果再加上其他方面的花费，整个上市的过程下来，企业将会被“吃得只剩一张皮”。在这种情况下，企业哪还有多余的精力和时间去做好内部管理、服务好客户呢？

有的时候，仅上市费用甚至足以吃垮一家企业，甚至连企业创始人都有可能为之受牵连。比如，2011年9月27日，万福生科公司上市成功；2012年11月23日，万福生科公司被发现在上市过程中有造假行为，其中为美化经营业绩，上市过程中有近九成利润是造假所得，因而被深交所公开谴责，并进行立案调查；2013年8月21日，万福生科公司控股股东、董事长兼总经理、创始人龚永福因涉嫌欺诈发行股票、违规披露重要信息和伪造金融票证犯罪，被刑事拘留。

当记者采访龚永福时，龚永福不由得慨叹道：“我真的后悔上市了，走上这条歧途……我给你算笔账，虽然融资融了4个多亿，但是前期中介机构费用，还有发行费，这些人力、物力就花去近1个亿，募集资金还有1.7亿元现在被冻结在银行没法使用，募投项目建设投入1个多亿，现在募集资金被冻结，募投项目建设正在进行中，加上企业正常生产运作及因企业上市造假银行对企业的信誉产生怀疑，不予贷款，我只好把自己的积蓄3 000万元也投了进去。”

在被问及上市中具体的造假问题时，龚永福无奈地说，运作机构告诉他要迎合上市需要把财务指标做得“漂亮”些，结果自己也不太懂，没想到造假太多。实际上，类似龚永福及其万福生科公司这样的案例还有很多，那些企业创始人由于各种原因选择上市后，却进入了一个怪圈，不仅没有随着上市一劳永逸，结果反而把企业引入了不归路。

还有些企业觉得上市是个漂亮的“标签”，有助于宣传企业。其实，凡事都要从两方面看。的确，上市后，无论企业的股票是涨还是跌，企业的名字和股票都常会被媒体频繁地提起，有助于推广企业的知名度；但企业要看清的是，“知名度”并不等同于“美誉度”，有的时候，社会上对企业的一些传闻都会影响股票市值，进而影响企业的正常经营。

为此，很多上市企业每年还要支付大笔的公关费用，以维持企业良好的“品牌”。如此一来，必然在一定程度上使企业在经营主业上有所分心。与此紧密相关的是，企业要在广大股东面前保持“发展迅猛”“盈利能力强”的态势，甚至会患“业绩强迫症”。

从某种程度上说，上市公司做的一切都是为了业绩，为了能够讨好股东。而这些“被强迫”的公司，为了短期目标，往往损害长期目标，结果严重危及企业的发展，也使得一些本来很务实的企业，上市后却为了追求一连串好看的数字而“奋斗”。

举例来说，著名教育培训机构新东方的创始人俞敏洪在新东方上市后，就曾多次表示后悔上市，并形象地比喻说，上市“就像你娶了一个你完全把控不住的女人一样，很难受，你又爱她，但是她又不听你的话”。实际上，企业上市后，不再是资本是否听企业话的问题，而是企业得听资本的话。

此外，对于上市公司，有对外披露信息的义务，甚至有些信息涉及商业机密，从而使得企业在竞争中“没有秘密”，一举一动都被对手看得很清楚，从而在市场竞争中陷入被动。

总之，上市有利有弊，如果不能正确地看待上市，在上市的时候不能选择合适的时机，那么上市对企业来说，可能会是一场噩梦。从这个意义上来说，任正非认为“华为的成功是因为没有上市”，还是很值得借鉴的。

微语录

一个真正优秀的企业，不会以纯粹追求上市为目标，而是以怎样更好地服务客户、提升自己的管理水平、持续增强自己的核心竞争力为己任。

员工持股，利益分享

我创建公司时设计了员工持股制度，通过利益分享，团结起员工。那时我还不懂期权制度，更不知道西方在这方面很发达……仅凭自己过去的人生挫折，感悟到要与员工分担责任，分享利益。

——引自《一江春水向东流》

关于华为究竟归谁拥有，作为创始人的任正非，甚至有时也感觉难以解释。正如任正非所说："谁拥有华为？我不知道怎么说，我反正只有百分之一点几的股份。"的确，若从法律上来说，截至2012年底，华为公司的股东有两个，一个是华为公司工会，代表6万多名员工持股98.58%；另一个是任正非，持股1.42%。

关于员工持股，早在1990年，华为就第一次提出内部融资、员工持股的概念，当时规定：内部持股员工只有分红权，没有《华为公司基本法》上股东所享有的其他权利；员工所持股份在退出公司时，价格是按照购股之初的原始价格回购，员工也不享有股东对股票的溢价权。

此后直到2001年，华为员工持股的基本做法是：凡是工作1年以上的员工均可以购买公司的股份；购买数量的多少取决于员工的级别（13～23级）、绩效、可持续贡献等，一般是公司在年底通知员工可以购买的股份数；员工以工资、年底奖金出资购买股份，资金不够的，公司协助贷款（称为“个人助业贷款”）；购买价格为1元/股，与公司净资产不挂钩，员工购买股份后的主要收益来自于公司分红，分红情况与公司效益挂钩；员工离职时，公司按照员工原来的购买价格即1元/股回购；除1995年和1996年公司曾给员工持股证明外，其他年份就不再给员工持股证明，但员工可以在公司查询并记录自己持股量的多少；华为工会（下面设有持股委员会）代表员工管理持有的股份，是公司真正的股东，员工自身并没有《华为公司基本法》上股东完整的权利。

采取这种做法，一方面可以尽可能使全体员工享受公司发展的成果，另一方面，可以避免公司的决策偏离主方向，从而保证全体员工在公司共同的既定方针下集体奋斗、团结进取。

在2001年底，华为开始实行员工持股改革，并规定：新员工不再派发长期不变的1元/股的股票，而老员工的股票也逐渐转化为期股，即所谓的“虚拟受限股”。虚拟受限股是华为工会授予员工的一种特殊股票。每年，华为根据员工的工作水平和对公司的贡献决定其获得的股份数。员工按照公司当年净资产价格购买虚拟股；拥有虚拟股的员工，可以获得一定比例的分红以及与虚拟股对应的公司净资产增值部分，但没有所有权、表决权，也不能转让和出售。在员工离开企业时，股票只能由华为工会回购。

华为还规定：根据公司内部的评价体系，员工的虚拟股每年可兑现1/4，价格是最新的每股净资产价格。另外，对中高层的兑现额度则做了专门规定，即只能每年兑现1/10，除非离职，并且在离开后，还要经历公司长达6个月的严格审核，确认不出现创业公司的产品与华为构成同业竞争，没有从华为内部挖过墙角等条件中的任何一条后，方可全额兑现。

在华为，每个持股员工都有权选举和被选举为股东代表。这些持股员工选出51人作为代表，再从这51名代表中轮流选出13人作为董事会成员，5人担任监事会的成员。

2008年，华为微调了虚拟股制度，实行饱和配股制，即规定员工的配股上限，每个级别达到上限后，就不再参与新的配股。这一规定使得手中持股数量巨大的华为老员工们配股受到了限制，但是有利于激励进入华为公司的新员工。

可以说，华为推行大面积的员工持股，对华为从一个2.1万元起步，起初没有任何创新能力的微小企业，最终成长为拥有17万多名员工，在全球绝大部分地区开展业务，2013年实现销售收入395亿美元的大型跨国公司起到了至关重要的作用。华为这种员工持股的机制和制度，吸引、团结、黏合住了大批人才，包括国际化员工。用任正非的话说，正是这种制度，形成并沉淀了公司“利益分享，以奋斗者为中心的文化”。

随着华为的迅速发展，广大员工享受到了企业发展带来的成果。比如，从2008年至2011年，华为的股东权益回报率分别为21%、42%、40%和17%，员工的收益相当丰厚。这样一来，作为企业主人的员工，企业利益可谓与自己息息相关，这也进一步夯实了华为集体奋斗精神的物质土壤。

当然，这种股份制度历经长时间的考验，一再推动华为的迅速发展，可谓是以任正非为首的华为人长期摸索出来的结果，在某种程度上代表了具有华为特色的一种持股制度。

总体上来说，增加股份发放范围，扩大员工持股面，是现在企业发展的一个大趋势。这有助于使企业通过在物质利益上绑定，从而使得全体员工都发挥主人翁的精神，共同促进企业的发展进步。从这点上来说，华为员工持股的做法值得很多企业借鉴。

微语录

适当开展员工持股，有助于改进企业的股份机制，变员工的“打工者”身份为“集体做老板”身份，从而激励全体员工共同奋斗。

关于华为未来的上市问题

董事会20多年来，从未研究过上市问题，因为我们认为上市不适合我们的发展。最近徐直军向某运营商高层的讲话，是代表了董事会意志的。

徐直军说："未来5到10年内，公司不考虑整体上市，不考虑分拆上市，不考虑通过合并、兼并、收购的方式，进入资本游戏。也不会与外部资本合资一些项目，以免被拖入资本陷阱。未来5到10年，公司将致力于行政改革，努力将公司从一个中央集权的公司，通过将责任与权力前移，让听得见炮声的人来呼唤炮火。从而推动机关从管控型，向服务、支持型转变，形成一个适应现代需求的现代化管理企业。"

——引自任正非于2013年4月28日发给华为董事会成员、监事会成员的一封电子邮件

随着华为的日益崛起，甚至成长为全球最大的通信设备供应商，关于华为是否要上市、什么时候上市的问题，令越来越多的人关注。毕竟，像华为这样高增长的公司，在资本领域，意味着极具潜力的绩优股。

相对于资本领域的热心，任正非形象的说法是"猪养得太肥了，连'哼哼'声都没了"。也就是说，假如华为上市，随着股份的变现，那么大量持股员工就会瞬间成为百万富翁、千万富翁，当这些员工变成极其富有的既得

利益者时，曾经的工作激情很可能会衰退，这对华为不是什么好事。从长远来看，可能也会影响员工未来的发展，还会使华为的发展因此而缓慢，甚至队伍涣散。

再者，任正非认为，尽管华为取得了很大的成绩，但华为在管理上还没有实现尽善尽美，仍需要拿出一部分时间来优化内部管理，这才是华为当下更应该做的事情。其实，任正非在资本与上市面前的态度，早在几年前就有所体现。

当时，摩根士丹利首席经济学家史蒂芬·罗奇率领一个投资团队访问华为总部，希望能为华为注入资本。此前，罗奇所到之处，企业管理者无不欢迎，还有很多企业甚至觉得摩根士丹利这样有实力的金融机构来造访，自己不胜荣幸。

然而，任正非并没有亲自会见摩根士丹利的投资团队，只是派了负责研发的常务副总裁来接待。事后，罗奇有些失望地说："他（任正非）拒绝的可是一个3万亿美元的团队。"

任正非闻听之后的回应是："他罗奇又不是客户，我为什么要见他？如果是客户的话，最小的我都会见。他带来投资者跟我有什么关系呀？我是卖设备的，就要找到买设备的人……"

我们从中可以看出，能够支持华为发展的，不是资本。唯有客户才是华为走向持续成功的根本。华为要培育的是亲客户的文化，而非亲资本的文化。当然，要服务好客户，仅有主观上的意愿还不够，还需要不断提升自身的服务能力，包括提高企业内部的管理水平，从而为客户提供更加高效的服务。

为此，华为要有效地抵制资本力量的诱惑与控制。这是因为，无数事实证明，资本市场能够快速催肥一个企业和一批创业家，但也能够轻而易举地摧毁它和他们的"虚幻的成功"。企业应该自己掌握自己的命运，而不是把自己交给资本市场，任由资本市场的摆布，否则，企业也就丧失了活力。

在关于华为不上市是否会有资金压力方面，华为进一步明确表示“未来5到10年不上市”，并解释说，从融资角度来看，华为在全球各银行中拥有330亿美元的授信额度，所以华为“并不缺钱”，因而“不认为有上市必要”。另外，尽管华为没有上市，但对不断提高员工福利待遇方面有着充足的能力，比如，2012年，仅员工的总奖金额度就高达125亿元人民币。

在不上市的问题方面，任正非重申：未来5到10年，华为不会上市，不分拆上，也不会通过收购、合并、兼并等方式进行资本运作。华为要做的是扎扎实实地推进内部行政改革，持续提升管理水平。

华为在过去20多年的发展，主要采取的是一种“中央集权式管理”的方式，这使得华为保持了庞大的机关，很多事情都要拿到机关来报批，市场一线的决策权利被压缩，从而延缓了华为的市场响应能力。为此，任正非提出“让听得见炮火的人来指挥”“让有少将能力的人去一线当连长”等，这些口号更多地体现了华为在辉煌面前时刻保持着理智，继续坚持“以客户为中心”的常识不动摇。

为此，华为在未来所进行的行政改革，更多地体现为提升贴近客户的组织的职位级别，发挥他们的积极性和主动性来灵活处理问题，并做出决策，持续强化华为在客户服务方面的能力。对此，任正非说：“机关要从管控转向服务和支持，这个转变是艰难的，我们准备用5到10年完成。”

微语录

企业在上市面前要保持清醒，要深刻地意识到：增强自己的核心竞争力，远比单纯地追求上市更重要。

知识雇佣资本的时代

知识经济时代，企业生存和发展的方式发生了根本的变化，过去是资本雇佣劳动，资本在价值创造要素中占有支配地位。而知识经济时代是知识雇佣资本。知识产权和技术诀窍的价值与支配力超过了资本，资本只有依附于知识，才能保值和增值。

——引自《华为的红旗到底能打多久》

任正非曾经提出一个观点，叫“知本主义”。也就是说，在知识经济时代，企业的价值是由劳动、知识、企业家和资本共同创造的。其中，资本要保值增值，就需要和知识、好的创意、先进管理要素等相结合。基于此，当今时代，是资本主动追求知识、拥抱知识的时代。

这里的“知本”，可以说是实践的知识化、知识的实践化。之所以称为“知本”，是因为它可以起到一种“资本”的作用，即具有投入产出效应。懂得了“知本主义”的真谛，洞悉了知识的重要性，任正非便更明白要做什么、怎样做、何时做，并不断地将这种理念传达给员工。对此，任正非曾对员工谆谆教诲道：“你们一定要好好读我的文章，我在做某事的时候，早在一年前或半年前就埋下了伏笔。”

可以说，任正非对华为的长期打造，最终使得华为在高速发展中“没有遇上大的风险”。在对华为的打造上，任正非牢牢地把握了三个方面，即“以客户为中心，以奋斗者为本，长期坚持艰苦奋斗”，这既反映了华为的公司理念，也是华为的核心价值观。这其实也是以任正非为首的华为人经过长期实践、总结后所得出的一种宝贵常识。华为在懂得常识的含义后，又辅以充分的宣传和付诸实施，从而获得了持续的快速发展。

比如，任正非在2011年的一次讲话中说：“华为的董事会明确不以股东利益最大化为目标，也不以利益相关者（员工、政府、供应商……）利益最大化为原则，而坚持以客户利益为核心的价值观，驱动员工努力奋斗。”

任正非的这段话可谓道出了华为理念的核心，即“以客户为中心”，这也是华为与其他企业显著不同的地方。因为很多企业，都是将公司的目标或者使命，定为“为股东创造价值”这一条，甚至不少企业把这一条置于所有使命的首位。然而事实证明，凡是脱离“以客户为中心”这一常识的，最终都会被客户、被市场决然地抛离。

我们从任正非的多次讲话中还可以发现，他几乎很少提到股东，提得最多的是“客户”“奋斗者”“艰苦奋斗”等。既然很少提到股东，那么意味着股东背后的资本对华为的影响微乎其微，正是因为这样，华为才能沿着自己铺设的轨道前进。

其实，在华为内部，并非没有“股东”，比如华为的“员工普遍持股”，并且，“股东”的概念更让位于“奋斗者”。正如任正非所说“不奋斗什么都没有”，只有奋斗，员工手里的股份才值钱，所以自己手里的股份能不能增值，不取决于外部资本市场，而是取决于个人与整个集体的奋斗。

应该说，任正非对待资本的这种态度，在国内外企业中还是很少见的。比如，阿里巴巴的马云曾说过一句惊世骇俗的名言：“客户第一，员工第二，股东第三。”

也就是说，在对待股东的问题上，即使是马云，也无法做到忘却股东的利益。当然，华为实行的是一种高度分散的股份机制，最大的股东任正非才持股1.42%，其他的股份更是相对较小。这种分散的股份机制，有助于化解劳资双方的对立，因为企业内没有大股东，都是小股东，还可以具体化为每一个人，所以大家共同努力，共同创造价值与财富。

其实，华为的这种股权结构，是任正非当时的有意选择。早在20世纪90年代，社会上涌现出一股知识资本化的思潮。任正非认识到，华为所从事的电信行业恰恰是一个知识密集型的行业，兴衰系于公司的创新能力。为此，华为在那时就招聘了众多研发人员，并将员工对公司的知识贡献与其回报挂钩，包括授予相应的股份，实行“知本主义”措施，这成为华为日后获得成功的关键因素。

从总体上来看，华为的“知本主义”在极大程度上解决了组织惰性问题，焕发了整个集体的奋斗精神；再者，在华为内部，通过知识与贡献辅以一定的股份，若放到资本大市场上来看，既意味着资本市场的一种创新，也意味着资本依附于知识而保值增值的现实性。

因此，任正非对知识与资本二者关系的深刻认识，将会给很多企业和个人以极大启发，并阐发了一个道理：在知识经济时代，确保在知识方面的优势，将变得非常重要。要把主要精力用在经营企业上，当你经营的企业足够优秀，能够充分运用知识的威力时，你的出色表现自然会引起嗅觉灵敏的资本的注意。资本若要保值增值，则唯有与知识结合才能获得更大的收益。

微语录

在知识经济时代，资本唯有依附于知识，才能保值增值。这里的“知识”，是能够转化为生产力的知识，能将知识转化为生产力，才是知识经济时代真正的英雄。

第十二章

灰度管理：坚持开放、妥协、灰度

·任正非说·

华为的核心价值观中，很重要的一条是开放与进取……我们强调开放，更多一些向别人学习，我们才会有更新的目标，才会有真正的自我审视，才会有时代的紧迫感。

我们纵观中国历史上的变法，虽然对中国社会进步产生了不灭的影响，但大多没有达到变革者的理想。我认为，面对它们所处的时代环境，他们的变革太激进、太僵化，冲破阻力的方法太苛刻。如果他们用较长的时间来实践，而不是太急迫、太全面，收效也许就会好一些。其实就是缺少灰度。

在最近的人力资源管理纲要研讨会上，我讲了要深刻理解客户，深刻理解供应商伙伴，深刻理解竞争对手，深刻理解部门之间的相互关系，深刻理解人与人之间的关系，懂得开放、妥协、灰度。我认为任何强者都是在均衡中产生的。

不开放就会昙花一现

一个不开放的文化，就不会努力地吸取别人的优点，逐渐就会被边缘化，是没有出路的。一个不开放的组织，迟早也会成为一潭僵水的。我们无论在产品开发上，还是在销售服务、供应管理、财务管理等方面，都要开放地吸引别人的好东西，不要故步自封，不要过多地强调自我。创新是站在别人的肩膀上前进的，同时像海绵一样不断吸取别人的优秀成果，而并非是封闭起来的“自主创新”。

与中华文化齐名的古罗马、古巴比伦已经荡然无存了。中华文化之所以活到今天，与其兼收并蓄的包容性是有关的。今天我们所说的中华文化，早已不是原教旨的孔孟文化了，几千年来已被人们不断诠释，早已近代化、现代化了。中华文化也是开放的文化，我们不能自己封闭它。

向一切人学习，应该是华为文化的一个特色，华为开放就能永存，不开放就会昙花一现。

——引自任正非于2008年7月在华为市场部年终大会上的讲话

2012年7月，任正非在与华为“2012诺亚方舟实验室”的专家进行座谈会时再次强调说，华为不能建立封闭系统，如果不开放就要死亡。为了进一步突出开放的重要性，任正非还指出，华为的“创造发明不是以自力更生为基础的”，是依赖于一种开放的体系，不断学习、不断提升才能获得进步。

任正非还举例说，华为在设备研发与生产上，要使用供应商的芯片，而且在芯片方面主要是和供应商合作，甚至优先使用供应商的芯片，这本身就是一种开放的体现。假如企业自己建立一个封闭的系统，不用供应商的系统，那么封闭必然导致能量耗尽，最后就要死亡。在这方面，不仅人力资源系统不能搞封闭，要不断引进人才，技术系统同样不能搞封闭。

因此，从创立华为那天起，任正非就将华为定位为一个“开放型组织”。任正非曾深有感触地说：“开放是公司生存下来的基础。如果我们公司不开放，我们公司最终会走向死亡。开放要以自己的核心成长为基础，加强对外开放合作。华为坚持开放的道路不动摇，开放是我们的出路。”

其实，尽管任正非很早就意识到了企业要开放的重要性，但在实际操作中，并非那么容易。

因为在华为的前10年，活下来是第一要务，所以出现了抢市场、拿合同、个人英雄主义、狼性精神、游击作风……总之，早期的华为，可以说与其他原始积累期的公司没什么显著的区别。在那时，市场是残酷的，生存是根本，不能迅速成长起来就会被踩死。

随着华为走向国际市场，华为也面临了很多约束条件：民营企业、无背景、无资本、无历史，创业团队中几乎没有一个曾具备企业管理经验的人。所有这一切，要求华为必须开放，否则在面对国际市场时，自我封闭只会被踢出游戏之外。

实际上，华为真正意义上的开放，起始于一场国际官司。

2003年1月22日，全球通信巨头企业——思科公司对华为发起猝不及防的进攻，思科起诉华为侵犯其知识产权，起诉书里的内容几乎涵盖了全部的知识产权法类别，起诉地点选在美国。顿时，舆论哗然，很多媒体也随之纷纷谴责华为。

可以说，2003年，是华为发展道路上的一个重要转折点。如果能够经受得起这场官司的考验，华为的海外扩张之路便能真正意义上打开；如果经不起这场官司的考验，那么华为刚刚开启的国际市场大门，就很可能会关闭。

在这种情况下，任正非沉着应战。在美国，华为以高昂的费用聘请了好的法律顾问，在诉讼和媒体两条线上与思科展开正面较量。一年半之后的2004年7月28日，这场国际官司最终以双方的和解而告终，彼此均无胜败，各付各的诉讼费，彼此都不需要道歉，更不必赔偿。美国的法院还判定思科永久不得就同一问题再起诉华为。

对此，任正非认为华为不仅没有在这场官司中受挫，更重要的是，华为当时的力量远远小于思科，能够进入思科的“法眼”，被思科起诉，这几乎相当于思科为华为做了价值数十亿美元的免费广告；同时，世界很多国家和地区也知道了来自中国的华为，竟然能够让思科这样的企业有所畏惧，这使得华为的国际化步伐更加势不可挡。

正是从2003年开始，华为的产品长驱直入，突进到西欧、北欧乃至整个欧洲大陆，进而又打入日本、南美、北美市场；到2005年，华为的海外销售收入在其收入构成中占到58%，首次超过国内销售收入。

华为在被思科起诉的那场官司里，还有一个收获，就是必须开放自己。因为在那场官司里，华为经历了法庭最严格的审查，几乎每一个环节都被审查到。实际上，华为后来进入欧美尤其是美国市场时，也会遭遇客户乃至于政府机构的轮番“拷问”。可以说，思科起诉华为的那场国际官司锻炼了华为向海外市场全方位展示自己的勇气和能力。

随着华为的发展，华为的开放正在向多个领域迈进，甚至是过去很少开放的领域。

众所周知，曾经很少接受媒体采访的华为，从2010年以来，主动邀请国内外多家媒体到华为总部采访。其中，长时间不接受媒体采访的任正非，也逐渐在媒体面前展示自己的“破冰之旅”。2014年6月16日，任正非“破天荒”地接见了国内的一批媒体人，并邀请大家参加华为的“蓝血十杰”表彰会。这些举措都是华为开放领域的具体体现。

总的来看，在当今时代，尤其是互联网时代，任何企业与个人都不能自我封闭，因为互联网时代的一个显著特征就是开放、平等、协作、分享，唯有懂得对外开放，才能不断整合资源，促进自己更好地发展。

微语录

企业一方面要依靠自己的艰苦奋斗，另一方面还要坚持开放的体系，坚决不能自我封闭。

管理中的“七反对”

在管理改进中，要继续坚持遵循“七反对”的原则。坚决反对完美主义，坚决反对烦琐哲学，坚决反对盲目的创新，坚决反对没有全局效益提升的局部优化，坚决反对没有全局观的干部主导变革，坚决反对没有业务实践经验的人参加变革，坚决反对没有充分论证的流程进行实用。

——引自任正非的文章《管理的灰度》

任正非在管理中的“七反对”观点，充满了辩证主义精神，值得很多企业管理者反思与领悟。比如，其中的“反对完美主义”，是指企业的决策层和执行层不可陷入完美主义的泥淖。这是因为，完美主义者往往万事追求十全十美，岂不知世界上本来就没有完美的东西，就连科学赖以发展的公理，也总是有着各种各样的假设或前提。

因而，决策层中的完美主义者深具领袖的气质，具有创造力、判断力，但由于过分追求完美，因此往往会贻误时机；执行层中的完美主义者考虑问题细致缜密，追求完美无可厚非，的确需要把形势估计得更严峻一些，把困难考虑得更复杂一些，把各方面的准备工作做得更充分一些，但是，执行层可以以完美为目标，但不能将做不完美就不执行作为理由。

其实，“反对完美主义”的提法，反映出了任正非倡导的一种灰度管理，不要凡事非黑即白、非此即彼，很多时候，解决问题的方法就在黑与白之间。过分追求完美，反倒偏离了解决问题的最佳道路。

所谓“烦琐哲学”，是指管理者不可拘泥于那些繁杂空洞的形式，从而背离事物的本质规律，忽略最重要的内容。我们常说形式要服从于内容，因而过分注重形式，往往会陷入形式主义。

实际上，管理的本质就是把复杂的问题简单化，而且需要快捷高效、简单明了。很多时候，我们常常被烦琐的哲学困扰，就是因为我们还没有领会问题的本质所在，不知道解决问题的根本方法。真正解决问题的方法，在于从目标出发发现问题，从问题出发寻找解决途径，通过一种逆向思维，找到自己应该怎样做才能达到目标、解决问题的实用方法。

任正非在“七反对”中提出的“反对盲目创新”，对很多管理者来说，也是一个有益的警示。因为很多管理者感觉如果不做出些什么事情，就仿佛自己无所作为。但如果要做出些事情，尤其是创新方面的事情，就一定要慎重，要立足于能否增强企业的核心竞争力，是否对企业有益，决不可盲目创新。否则，就相当于是对企业资源的消耗。

另外，对于管理者来说，务必树立全局观念，培养大局意识。在这方面，任正非认为，在日常管理中，要处理好全局利益和局部利益的关系，树立大局意识。全局和局部是对立统一的，两者是互相依赖、互为前提的。管理者决不能站在局部的角度考虑问题，要正确处理好个人利益和集体利益、局部利益和整体利益、当前利益和长远利益的关系。即使一些部门进行业务优化，也必须考虑其是否有利于提升全局效益。如果局部优化无益于全局利益，甚至对全局利益有害，就要坚决反对。

再者，任正非非常注重实践能力和“谋定而后动”。为此，华为在提拔干部时，凡是没有实践经验的，一律不得提拔。这是因为，企业的各项改革必须来自于实践并指导实践，那些没有业务经验和基层管理经历的人，如果直接参与变革，则往往会犯“闭门造车”的错误，甚至拍脑袋、想当然，从而经不起实践的检验。所以，任正非认为，避免决策失误的一个有效做法，就是要确保决策层均有丰富的实践经验，坚决不允许没有实践经验或实践经验不充足的人进入决策层和管理层。否则，基于决策层与管理层的职务因素，将会给企业带来难以预料的失误。

比如，在《三国演义》中，诸葛亮提拔马谡带领军队驻扎街亭，由于马谡实战经验不足，决策几乎全来自理论，而没有实践的支撑，因此导致街亭失守，诸葛亮耗资巨大而筹备的第一次伐魏军事行动失败，甚至险些全军覆没。最后，诸葛亮"挥泪斩马谡"。可见，提拔实践能力不足的人进入决策层和管理层，既不利于企业的发展，也不利于个人的扎实发展。正因如此，任正非在华为中才坚决反对没有业务实践经验的人进入改革的决策层和管理层。

在企业执行某项流程时，由于流程涉及企业的全局工作，因此务必要经过充分论证，在逻辑上成立，而且经过测试也仍然成立。这时，才能够将该流程在企业内推广。否则，流程在逻辑上存在问题，就会出现运行不畅的问题，从而影响企业的正常运转。

可以说，任正非在管理上提出的"七反对"，与之相辅相成的便是其对立面，即"七坚持"，明确地指出了在管理中哪些是雷区，不能碰，哪些是应该坚持做好的。总之，这些管理理念需要我们结合实践，用心体会。

微语录

在企业管理中存在一些禁区，比如任正非的"七反对"观点，值得很多企业深思和借鉴。

自我批判是拯救企业最重要的行为

自我批判是拯救公司最重要的行为。从“烧不死的鸟是凤凰”“从泥坑里爬出的是圣人”，我们就开始了自我批判。正是这种自我纠正的行动，使公司这些年健康成长。

——引自任正非在华为公司2013年度干部工作会议上的讲话

曾经有位哲人说：“在理论中学习，在实践中学习，在反思与自我批判中学习，是提高自己素质的捷径。”其实，任正非也非常重视自我批判。这是因为，人总是不断向前发展的，曾经在某个特定时期的思想观念，随着时间的流逝、个人知识的积累、视野的开阔，会逐渐发生转变。因此，可以说，人总是在自我批判、自我否定中进步的。

在华为，任正非会定期召开民主生活会，在会上主要有两项内容，即批判和自我批判。其中，自我批判的成分更多些。任正非认为，相对于批判而言，自我批判更加重要。因为批判有时候会引起一定程度上的内耗，包括批判方式是否恰当、被批判者是否能够心悦诚服地接受等。

因此，任正非认为，每一个追求进步的人，都应该具备自我批判的精神，任正非还把这一条视为提拔干部的必要条件。当然，这种自我批判并非是在召开民主生活会时，个人才需要自我批判，而是要把自我批判贯彻到日常工作中，从而保持自己的不断进步。

其实，任正非在华为内部推行自我批判的活动，也是经历了一个过程，为了激发起全体员工都能掌握自我批判的工具，华为还专门利用一些活动来强化。比如，在2000年9月1日，华为召开了一场特殊的“颁奖大会”，参加这场“颁奖大会”的是华为几千名研发系统的员工，其中几百名研发员工被一一点名到主席台上领取“奖品”。

这些员工领到的“奖品”是这些年来华为在研发过程中，由于员工工作不认真、测试不合格等原因造成的报废品，以及一些由于人为因素造成的不必要失误，从而产生的维修费用单据等。

每个被点名领到“奖品”的员工走下台时，无不面红耳赤，感到很不好意思。但这并未结束，任正非要求他们将“奖品”带回家，放在客厅里最显眼的位置，每天都看一看。其实，任正非之所以组织这样一场“颁奖大会”，目的在于在华为内部开展一场自我批判活动。

对此，任正非说：“只要敢于自我批判，敢于向自己开炮，不掩盖产品及管理上存在的问题，我们就有希望保持业界的先进地位，就有希望向世界提供服务。”

关于自我批判，任正非认为，一定不能浅尝辄止，自我批判者要一针见血，对自己剖析得越深刻、越到位，才越可能有真正意义上的进步。当然，如果有的员工在自我批判中还不能深入挖掘出自己所存在的问题，那么也可以找同事来帮助自己剖析。通过自我批判，管理者和员工可以将问题扼杀在萌芽状态，这对企业的发展自然是有好处的。

关于自我批判，任正非曾说：“创业难，守成难，知难不难。高科技企业以往的成功，往往是失败之母，在这瞬息万变的信息社会，唯有惶者才能生存。”也就是说，在企业中，能否坚持自我批判，尤其是管理者能否做到自我批判，甚至关系到企业的生死存亡。

这是因为，如果企业管理者不能进行自我批判，就可能在错误的方向越走越远，久而久之，必然透支企业的未来，最终使企业在发展的道路上倒下。在这方面，任正非可谓是自我批判的典范。他从来不回避错误，在犯错之后，总能积极对待和分析，从错误中汲取经验教训，再一步步走向成功。

曾有人做过分析并指出，随时矫正自己的错误是很多成功者获得成功的一个最重要原因。诚然，一个人只有勇于剖析自己、总结自己，才能获得更好的发展。所以，任正非提出的“自我批判”，值得很多追求进步的人学习。

微语录

自我批判是个人成长的重要途径，也是企业持续发展的一大法宝。

妥协是一种崇尚和谐的智慧

在一些人的眼中，妥协似乎是软弱和不坚定的表现，似乎只有毫不妥协，方能显示出英雄本色。但是，这种非此即彼的思维方式，实际上是认定人与人之间的关系是征服与被征服的关系，没有任何妥协的余地。

妥协其实是非常务实、通权达变的丛林智慧，凡是人性丛林里的智者，都懂得在恰当时机接受别人妥协，或向别人提出妥协，毕竟人要生存，靠的是理性，而不是意气。

……只有妥协，才能实现双赢和多赢，否则必然两败俱伤。因为妥协能够消除冲突，拒绝妥协，必然是对抗的前奏。我们的各级干部真正领悟了妥协的艺术，学会了宽容，保持开放的心态，就会真正达到灰度的境界，就能够在正确的道路上走得更远，走得更扎实。

——引自《管理的灰度》

长期以来，人们对“妥协”颇有微词，甚至将妥协视为立场不坚定的表现。然而，任正非不这样看。的确，对于原则性的东西，是不能妥协的；但对于一些非原则性的事物，懂得适当地妥协，反而是成功之道。毕竟，假如双方在一些本来有望合作的事情上，各执一词、互不让步，结果只能是合作失败。

可以说，妥协还是一种对坚定不移方向的坚持。举例来说，英国历史上的“光荣革命[①]”，就是一场出色的妥协。在“光荣革命”中，英国保留了“君主制”，照顾到了当时守旧势力的利益，同时，确立了议会掌握实权的“立宪制”，保障了英国资本主义制度的实施，确保了当时资产阶级的革命成果，还减少了英国国内的一系列流血斗争，避免了国力受损，这均有助于英国后来持续向外扩张。

当时的英国，也正是具备了这种扩张能力，才为以后一度成为“日不落帝国”奠定了基础，并有利于英语在全球范围内的推广和传播。相对来说，后来发生的“法国大革命[②]”，由于守旧派和革命派不能相互妥协，因此使得法国长期处于风雨飘摇之中，使得法国国力大为受损。当前世界中，法语的影响力弱于英语，同那个特定的历史时期还是有一定关系的。

任正非阅读过大量历史书籍，通过古今中外的事例以及自身的实践，深深懂得妥协的重要性。其实，妥协也是一门艺术，是任正非“灰度管理”中的一项重要内容。其中，方向不可以妥协，原则不可以妥协，但在实现目标过程中的一切，都可以妥协，只要妥协有助于目标的实现。

所以，任正非认为，必要的妥协换来的进步，总比一直在原地踏步要好。有的人在前进的过程中，常常受制于“大方向清晰、小方向不清晰”，从而难以启动工作，这里的一个重要原因是，没有充分利用妥协与灰度。可以说，一个人前进中的清晰方向，来自于妥协和灰度。

实际上，一个清晰的方向，总是在混沌中产生的。方向是随时间与空间

---

① 光荣革命，英文名称为Glorious Revolution，爆发于1688年，由当时英国资产阶级和新贵族构成的议会推翻詹姆斯二世（1685—1688年在位）的统治，迎立詹姆斯二世的女儿与女婿共同就任英国国王；因这场革命未有流血，所以史学家称其为“光荣革命”；英国的君主立宪制政体便起源于这次革命。

② 法国大革命，起于1789年，终于1830年，其间经历了君主立宪派的统治（1789—1792）、吉伦特派的统治（1792—1793）、雅各宾派专政（1793—1794）、热月党人的统治（1794—1799）、拿破仑统治（1799—1814）、波旁王朝复辟（1814—1830）等时期；革命期间，法国长期处于战争的动荡状态，给法国造成了大量战争伤亡。

而变的，又常常会变得不清晰。只有合理地掌握灰度，才能使各种影响发展的要素，在一段时间内变得和谐，而这种和谐的过程叫妥协，这种和谐的结果就叫灰度。

任正非曾对我国历史上的多次变法活动进行过深刻研究。有些变法，尽管当时对社会进步非常有益，但由于变革者不懂得妥协，以至于太激进、太僵化、缺少柔性，因此使得他们遭遇的阻力明显加大，并最终使变革遭到联合扼杀。假如那些变革者用较长的时间来实践，增加一些灰度的艺术，在坚持大方向的前提下，即使走的是一条左右摇摆的曲线，甚至在某些时段来说，还会画一个圈，但从全局来看，它的方向仍是紧紧地指着前方，只要坚持不懈，总有一天会实现目标。

总之，作为企业的领导者和管理者，要懂得妥协和宽容。其实，明智的妥协是一种让步的艺术，妥协也是一种美德，而掌握这种高超的艺术，是管理者的必备素质。

微语录

正确的方向，往往来自于明智的妥协。企业领导者要掌握妥协的智慧。

基业长青准则：开放、妥协、灰度

我们要清醒地认识到，面对未来的风险，我们只能用规则的确定来对付结果的不确定。只有这样，我们才能随心所欲，不逾矩，才能在发展中获得自由。任何事物都有对立统一的两面，管理上的灰色，是我们的生命之树。我们要深刻理解开放、妥协、灰度。

——引自《管理的灰度》

从2001年起，也就是进入21世纪以来，任正非持续对自己几十年的管理实践进行总结，并从中总结出了华为“十大管理要点”。这“十大管理要点”可谓任正非管理思想的核心，其具体内容如下：

1. 均衡发展，就是抓短的一块木板。

2. 对事负责制与对人负责制是有本质区别的，一个是扩张体系，一个是收敛体系。

3. 自我批判是思想、品德、素质、技能创新的优良工具。

4. 任职资格及虚拟利润法是推进公司合理评价干部的有序、有效的制度。

5. 不盲目创新。

6. 规范化管理本身已含监控，它的目的是有效、快速地服务业务需要。

7. 面对变革要有一颗平常心。

8. 模板化是所有员工快速管理进步的法宝。

9. 华为的危机以及萎缩、破产是一定会到来的，要时刻保持危机意识。

10. 安安静静地应对外界议论，做好自己应做的业务。

在这“十大管理要点”中，“均衡发展”位于第一条。可以说，任正非经营管理思想的核心就是均衡，唯有均衡才能实现整体突破，所以“均衡”可谓其最高的经营管理哲学。要做到均衡发展，不仅需要持续地开放、进取，更需要协调、妥协，懂得“灰度管理”。对此，任正非认为自己的管理思想若用颜色来描述，则是介于黑白之间的一种颜色，用灰度描述更为恰当。所以，任正非自称是一个有灰度的人。

其实，华为29年的成长与发展之路，便是建立在动态地实现功与利、经营与管理的均衡基础之上的，通过持续不断地改进、改良与改善，从而不断强化与提升经营管理能力，使企业走上了一条良性发展之路。华为的成功，也再次证明，均衡管理是企业制胜的秘诀所在。

任正非认为，“开放、妥协、灰度”是有其内在联系的。其中，企业如果不开放，就不会努力地吸取别人的优点，就会逐渐被边缘化，最终是没有出路的。一个不开放的组织，迟早会成为一潭死水，任何组织的强大，必须是一个开放系统。如果不开放，就会走向自我封闭，其结果只有衰落。

在开放与进取的道路上，随着时间、空间的变化，必要的妥协也是很重要的。一个人没有宽容就不会有妥协，没有妥协就不会有灰度的智慧，也就不能依据不同的时间、空间来采取适当的战略战术，那么必然会在发展中受挫。

那么，如何才能掌握好开放与妥协的尺度呢？关键在于掌握好灰度。对此，任正非说：“一个领导人重要的素质，是方向和节奏，他的水平就是合适的灰度。”只有掌握灰度，才可能避免走极端，从而融合黑与白及其之间的所有思想，并形成合力，使企业走得更远、更扎实。另外，我们在力求掌握灰度的同时，也离不开自我批判、自我纠正，从而使自己的认识更加接近真实的临界状态。

总之，任正非认为，管理上的灰度，包括有效地融合开放与妥协，可以确保华为在管理上少走弯路、少些内耗，从而集聚更大的力量用于创造价值。为此，任正非希望在华为的管理实践中，能够到处都充满灰度，充满和谐，从而持续进行集体奋斗，使华为良性地发展成为一个有机的系统。

微语录

"灰度管理"是一种高境界的管理智慧，需要每一位用心体会、揣摩与掌握。

附录一 任正非简历

1944年10月25日，任正非出生于贵州省安顺地区镇宁县，为七个兄妹之长。

1963年，就读于重庆建筑工程学院（已并入重庆大学），毕业后就业于建筑工程单位。

1974年，应征入伍，成为辽阳石油化纤总厂（现为中国石油辽阳石化分公司）的基建工程兵，历任技术员、工程师、副所长（技术副团级），无军衔。

1983年，国家整建制撤销基建工程兵，任正非复员转业至深圳南海石油后勤服务基地。

1987年，因转业后工作不顺利，任正非集资2.1万元人民币创立华为公司。

1988年，担任华为公司总裁，至今。

1994年，参加在北京召开的亚太地区国际通信展，在事业上获得很大突破。

1996年，大规模与内地厂家合作，走共同发展的道路。

1998年，启动华为大规模人才招聘计划。

2003年，荣获网民评选的“2003年中国IT十大上升人物”。

2005年，入选美国《时代周刊》全球“建设者与巨子”100名排行榜，是中国唯一入选的企业家。

2006年，任正非高居“2006年最具领导力的50位CEO”榜首。

2009年，当选《福布斯》（中文版）“2009年最受国际尊重内地企业家”。

2012年，在《财富》杂志评选出的“2012中国最具影响力的50位商界领袖”排行榜中，任正非位居第一。

2013年，任正非再度荣列美国《时代周刊》“全球100位最具影响力人物”。

附录二 华为公司发展史

1987年，创立于深圳，成为一家生产用户交换机（PBX）的香港公司的销售代理。

1989年，自主开发PBX，并于1994年推出C&C08数字程控交换机。

1990年，开始自主研发面向酒店与小企业的PBX技术并进行商用。

1992年，开始研发并推出农村数字交换解决方案。

1995年，销售额达15亿元人民币，主要来自中国农村市场；成立知识产权部与北京研发中心。

1996年，推出综合业务接入网和光网络SDH设备；与香港和记黄埔签订合同，为其提供固定网络解决方案；成立上海研发中心。

1997年，推出无线GSM解决方案，并于1998年将市场拓展到中国主要城市；与Texas Instruments、Motorola、IBM、Intel、Sun Microsystems、Altera、Microsoft等公司成立了联合研发实验室。

1998年，研发的产品数字微蜂窝服务器控制交换机获得了专利；成立南京研发中心。

1999年，在印度班加罗尔设立研发中心；成为中国移动全国CAMEL

Phase II智能网的主要供应商，该网络是当时世界上最大和最先进的智能网络。

2000年，在瑞典首都斯德哥尔摩设立研发中心；当年合同销售额超过26.5亿美元，其中海外销售额超过1亿美元；在美国硅谷和达拉斯设立研发中心。

2001年，在美国设立4个研发中心；加入国际电信联盟（ITU）；华为的10G SDH系统开始在德国柏林进行商用；华为的光纤系列产品稳居亚太地区市场份额的第一名。

2002年，海外市场销售额达5.52亿美元；为中国移动部署世界上第一个移动模式WLAN。

2003年，与3Com合作成立合资公司，专注于企业数据网络解决方案的研究；思科公司指控华为侵犯其技术专利。最终，思科撤回诉状，并承认华为没有侵权行为，双方解决了所有的专利纠纷。

2004年，与西门子成立合资企业，针对中国市场开发TD-SCDMA移动通信技术；赢得中国电信的国家骨干网优化合同，进一步巩固了华为作为中国电信最大战略伙伴的地位；获得从29家银行共同提供为期3年的3.6亿美元的贷款，用于实施其全球发展规划；赢得为荷兰运营商Telfort提供UMTS网络设备的合同，首次实现在欧洲的重大突破。

2005年，海外合同销售额首次超过国内合同销售额；与沃达丰签署《全球框架协议》，正式成为沃达丰优选通信设备供应商；赢得了为泰国CAT建设全国性CDMA2000的3G网络，价值1.87亿美元；为海啸受灾国提供了500万美元现金和设备的捐赠；成为澳大利亚运营商Optus的DSL合作商，成为英国电信（简称“BT”）首选的21CN网络供应商；获得了在中国生产和销售手机的许可。

2006年，与摩托罗拉合作在上海成立联合研发中心，开发UMTS技术；推出新的企业标识；华为移动软交换用户数突破1亿，出货量居全球第一。

2007年，与赛门铁克合作成立合资公司，开发存储和安全产品与解决方案；成为欧洲所有顶级运营商的合作伙伴；被沃达丰授予“2007杰出表现奖”，是唯一获此奖项的电信网络解决方案供应商。

2008年，被《商业周刊》评为“全球十大最具影响力的公司”；华为在移动设备市场领域排名全球第三名；汶川地震发生后，华为公司及员工向灾区捐款现金2 630万元人民币和价值5 800万元人民币的应急通信设备。

2009年，无线接入市场份额跻身全球第二；率先发布从路由器到传输系统的端到端100G解决方案；获得IEEE标准组织2009年度杰出公司贡献奖；首次在北美大规模商用UMTS/HSPA网络，为加拿大运营商Telus和Bell建设下一代无线网络；移动宽带产品全球累计发货量超过2000万部，市场份额位列全球第一。

2010年，华为超越了诺基亚西门子和阿尔卡特—朗讯，成为全球仅次于爱立信的第二大通信设备制造商；在英国成立安全认证中心；加入联合国世界宽带委员会；首次入围世界500强企业，是继联想集团之后，进入世界500强的第二家中国民营科技企业，也是500强中唯一未上市的公司。

2011年，在云计算大会暨合作伙伴大会上成立IT产品线；入选首批“国家技术创新示范企业”；获得“2011中国金融业客服中心优秀服务商”大奖。

2012年，发布了当时全球最薄的智能手机；发布了第一款搭载自研的四核移动中央处理器的智能手机，成为国内第一家推出自研手机移动中央处理器的手机厂商，对打破外资企业对手机CPU的垄断具有重要意义。

2013年，推出新一代视频会议产品，并力推视讯平民化；再度发布全球最薄智能手机。

2014年，推出全球最小的运营级路由器——原子路由器；荣列“全球百大品牌排行榜”，这是中国企业首次登上该榜单；当年发布的企业财报显示，华为超越爱立信，成为全球最大的通信设备商。

2016年，全国工商联发布“2016中国民营企业500强”榜单，华为成为500强榜首。

后记

在长期关注国内企业家群体的过程中，我发现尽管任正非先生在媒体面前比较低调，出席公众场合少之又少，但是，在任正非先生的领导下，华为自创建以来的高速发展，却是有目共睹的。如今，在很多地方与场合，包括高校教室、企业机房等，总能看到印有华为标志的通信设备产品。由此可见，华为的影响力已经深入我们的日常生活。

很多时候，世界上最高深的智慧往往潜藏在平静的水面下。可以说，任正非成就了华为，而华为也成就了任正非。那么，华为从最初的几个人，发展成现在几乎遍布全球的17万多名，任正非是如何实现这种“滚雪球”式发展效应的？要想了解华为，就必须了解任正非，尤其是了解任正非的管理思想与心路历程。

基于此，在收集与阅读了关于任正非、华为方面的大量资料后，我深深地发现，在任正非的管理哲学里，有着很多可以学习的智慧，这种智慧一旦用于指导实践，并在实践中获得应用，所爆发出的力量是无与伦比的。在这方面，华为的高速发展可谓是个典型的案例。

任正非曾经说过：“活下来是华为最低和最高的目标。”这句话很朴素、很低调，却又很实在。大道至简。任正非的这句话，点出了企业成立后一切活动的根结所在。的确，企业无论大小，都要首先重视“生存”这个简单而又艰难的课题。

君不见，有些企业在规模还小的时候倒下，有些企业则在规模很大的时候倒下。在生存面前，任何企业几乎是一视同仁的。因此，真理往往以一种残酷而又无比真实的形态存在。

那么，华为为何能够在成立以来的近30年时间里长盛不衰且日渐壮大？一个非常重要的原因是，任正非从纷繁芜杂的管理表象中，牢牢地把握住了管理的常识，从而使华为在每一个发展的关键时刻，都能做出符合企业自身特点的战略决策，确保了华为在大方向上不失误。

任正非将这个管理常识总结为“以客户为中心，以奋斗者为本，长期坚持艰苦奋斗”。事实上，企业无论在哪个阶段获得了发展，均不同程度地与这三个方面有关；同时，企业所遭遇的挫折、所走的弯路，也都不同程度地与这三个方面有关。

为了进一步推广任正非卓越的管理理念，促进其优秀思想的传播，以便更好地为越来越多的企业所学习、参考和借鉴，我深深地感到系统地总结与阐述任正非管理思想的重要性。为此，本书在经过长期酝酿与笔耕不辍后，终于问世。

希望本书能够对您有所帮助，并诚挚地祝愿任正非先生身体健康、万事如意，祝愿华为的明天更美好！

黄志伟

2016年10月4日

黄志伟

商业畅销书作家，擅长人力资源管理及电商运营，多年来致力于知名企业内部机制的研究，并把知名企业的核心工作法学以致用到企业管理工作中。遵从“以人为本”的原则，他从知名企业领导人身上汲取管理智慧，帮助众多企业培训出了高质量的管理人才，提升了企业的整体实力和竞争力。

华为管理法
任正非的企业管理心得

责任编辑：蒋丽华　　见习编辑：薛　芳
装帧设计：润和佳艺　　策划编辑：马剑涛

微信公众号：阅读醉时光　　投稿邮箱：zhushibook@163.com